죽고 싶지만 서울대는 가고 싶어 2

"이 책을 사랑하는 유품이 할머니에게 바칩니다"

죽고 싶지만
서울대는 가고 싶어
2

프롤로그

모든 것이 하나님의 은혜입니다

내 인생의 첫 장을 열었던 책이 있었습니다. 『죽고 싶지만, 서울대는 가고 싶어』. 그 책은 어린 시절의 저, 절망 속에서도 공부 잘하게 해 달라며 울부짖던 한 아이의 기도에서 시작되었습니다. 가정은 늘 갈라져 있었고, 아버지의 병과 폭력, 할머니의 눈물과 기도가 뒤엉킨 자리에서 저는 그저 살아남기 위해 공부를 붙잡았습니다. 어린 날의 소망은 단순했습니다. 죽고 싶을 만큼 힘든 날에도, "하나님, 저 공부 잘하게 해주세요"라는 기도를 쉬지 않는 것. 그것이 저의 유일한 탈출구였습니다.

그 절박한 기도는 세월이 흘러 저를 대학으로, 약사가 되는 길로 인도했습니다. 하지만 곧 알게 되었습니다. 성적과 합격증으로는 채워지지 않는 빈자리가 있다는 사실을. 제 안에서 여전히 울고 있는 아이는 '화목한 가정'을 갈망하고 있었습니다. 그것은 어린 시절부터 지금까지 제 삶을 붙잡고 있는 또 하나의 기도였습니다.

이 두 가지 기도는 서로 멀리 떨어져 있는 듯 보였지만, 결국 하나의 길 위에서 만났습니다. 공부 잘하고 싶다는 소망은 저를 훈련시키고, 성실하게 만들었으며, 하나님 앞에 무릎 꿇는 습관을 남겼습니다. 그러나 가정의 화목을 향한 기도는 저를 더 깊이 낮추고, 포기하고, 용서하게 했습니다. 아버지를 향한 원망을 내려놓고, 아내를 만나 결혼하고, 아들들을 키우면서 저는 깨달았습니다. 진짜 공부는 성적표가 아니라 사랑을 배우는 일이었음을.

이제 제 삶은 새로운 질문 앞에 서 있습니다. "어떻게 하면 화목을 잃지 않고, 끝까지 지켜낼 수 있을까?" 이 책은 그 질문에 대한 저 나름의 답을 찾는 여정입니다. 신학교에서 교수님께 "성경의 주인공은 누구입니까?"라는 질문을 받았을 때, 아무 대답도 하지 못했던 저. 그날이 제게는 출발선이었습니다. 예수님이 주인공이라는 가장 단순한 진리를 깨닫는 데서부터, 저는 제 인생의 항로를 다시 잡아야 했습니다.

책 속에서 저는 여러 번 무너지고, 또 여러 번 다시 일어섭니다. 할머니의 유언 앞에서, 아버지의 병상 앞에서, 그리고 가족을 지켜야 하는 순간마다 저는 다시 기도했습니다. "주님, 저를 붙들어 주십시오." 기도의 응답은 언제나 제 기대와는 달랐지만, 결과적으로 더 선한 길이었습니다.

존경하는 독자 여러분, 이 책은 완벽한 가정의 매뉴얼이 아닙니다. 오히려 실패와 눈물, 한계와 고백으로 채워져 있습니다. 그러나 그 안에 하나님께서 베풀어 주신 은혜의 조각들이 있습니다. 그 은혜가 모여 지금의 저를 이루었고, 화목을 향한 걸음을 이어가게 합니다.

제 첫 책 『죽고 싶지만, 서울대는 가고 싶어』를 읽은 행신교회 유집사님은 제 이름 '일섭─燮'조차 하나님의 섭리라 말씀해 주셨습니다. 참으로 놀라운 일은, '새롭게 하소서' 방송에서 제 간증을 들으신 박요한 목사님도 동일한 말씀을 해주셨다는 것입니다. 서로 다른 자리에서 똑같은 해석을 들은 그 순간, 저는 확신했습니다.

"주님, 제 삶은 우연이 아니라 당신의 섭리입니다."

그래서 오늘도 저는 기도합니다. 이 책을 읽는 여러분의 삶에도 동일한 섭리가 흘러가기를. 그 은혜가 여러분의 가정을 붙들고, 여러분의 인생을 새롭게 하기를 간절히 소망합니다.

목차

프롤로그……**6**

1. 내가 왜 서울대에 있을까?……**14**
2. 내 별명은 중도인생이었다……**26**
3. 괴물들 사이에서 살아남기……**39**
4. 써니와 맺은 계약……**50**
5. 민폐 끼쳐 죄송합니다……**61**
6. 약사고시라는 마지막 관문……**73**
7. 이걸 다 외우라고요?……**88**
8. 인생의 멘토가 나타났다……**98**
9. 세 가지 습관이 내 인생을 바꿨다……**107**

10. 나는 결혼을 포기했다……130

11. "성경의 주인공은 누구입니까?"……142

12. 운명이 다가오고 있었다……152

13. 하나님이 예비하신 반쪽……162

14. 당신은 나의 이상형입니다……172

15. 결혼을 결심한 이유……186

16. 내 인생에서 가장 행복했던 때, 신혼여행……92

17. 아들아, 아빠가 미안해……205

18. 일섭아, 네 아비를 부탁한다……214

19. 하나님, 아버지를 살려 주세요……219

20. 채소를 먹으며 서로 사랑하는 것……228

21. 돈의 시간에서 사랑의 시간으로……235

22. 서울드림약국, 사람을 위한 약국……241

23. 주말 일상, 서점과 교회와 달리기……245

에필로그……252

1
내가 왜 서울대에 있을까?

등록금은 간신히 낼 수 있었지만, 나는 서울에서의 학교생활을 시작할 아무런 준비가 되어 있지 않았다. 나는 정말 아무것도 가진 것 없는 무소유 상태였다. 아무것도 잃을 것이 없었기에 두려울 것이 없었다. 나는 정말 서울에 대해 무식했기 때문에 용감했다. 무엇보다 서울대에 합격했다는 자부심은 나로 하여금 뭐든지 할 수 있다는 자신감이 샘솟게 했다.

엄마는 내가 진짜 서울대에 합격하리라고는 예상하지 못하신 것 같았다. 엄마와 키다리 아저씨는 자기 일처럼 기뻐하며 나를 자랑스러워하셨다. 특히 키다리 아저씨는 6개월 전에 형식적으로 말한 조언을 내가 듣고 이루어내자 놀란 표정으로 날 계속 쳐다보셨다. 30만 원씩 여섯 번, 180만 원은 그분에게는 푼돈이었다. 그 푼돈으로 한 사람의 인생이 이토록 변할 수 있다는 것을 믿지 못하시는 것 같았다. 키다리 아저씨는 갑자기 자책하셨다.

"난 네가 정말 약대에 들어갈 줄은 몰랐어."

"네, 그러실 수 있어요. 저도 그랬으니까요."

"내가 잘못했어. 사법고시에 도전해보라고 말하는 건데."

나는 키다리 아저씨의 그 간접적인 제안을 한사코 거절했다. 지난 6개월간의 고뇌와 고통이 떠올랐다. 다시 또 내 몸을 혹사시키면 분명 무슨 병이라도 걸릴 것 같았다. 우리 모두는 서울대 약대에 만족하기로 했다. 서울 변두리의 아주 작은 아파트에서 살고 계셨던 엄마는 나를 위해 방 한 칸을 내어주셨다. 서울로 올라가기 전 나는 할머니와 아버지에게 인사를 드렸다. 할머니는 내게 이렇게 말씀하셨다.

"섭아, 난 니가 알아서 잘하리라 믿는다."

"네, 할머니. 제가 다 알아서 할 테니 걱정하지 마세요."

나는 짐을 챙겨 기차를 타고 서울로 떠났다. 할머니는 돈도 없이 혼자 서울로 떠나는 손자를 걱정스러운 눈길로 바라보셨다. 인정 많고 따뜻한 그 할머니의 마음씨가 내 마음속에 미열을 일으켰다. 어릴 적부터 날 키워주신 할머니의 은혜를 난 한순간도 잊은 적이 없었다. 군대를 제대한 24세의 청년이 더 이상 할머니에게 짐이 될 수는 없는 노릇이었다. 나는 마음속으로 반복해서 나의 각오를 되뇌었다. '이제 나는 진짜 어른이다. 나 혼자의 힘으로 대학 생활 4년을 감당해내야 한다. 4년만 더 고생하자.' 기차는 내 마음의 어지러움과 상관없이 계속해서 목적지인 서울로 달려갔다.

서울은 나에게 완전히 미지의 세계였다. 창문 바깥으로 대구에서는 볼 수 없었던 고층 빌딩들이 보였다. 은빛 물살이 잔잔하게 흐르는 한강이 보였다. 고층 빌딩들을 보며 나는 알 수 없는 힘에 눌려 긴장했다. 그러나 한강은 참으로 아름다웠다. 나는 감탄하여 오랫동안 멍하니 한강을 쳐다보았다. 저기 서울 어딘가에 있을 서울대학교를 생각했다. 이질감이 느껴졌다. 그곳은 원래 나와는 아무 상관도 없는 곳, 학교에서 전교 5등 안에 드는 괴물들만 가는 곳이었다. 나는 조금씩 겁이 났다. '내가 과연 잘 해낼 수 있을까? 나는 살아남을 수 있을까?' 나는 마치 총을 들고 전쟁터로 달려나가는 병사가 된 것만 같았다.

나는 서울로 가자마자 최상위권을 위한 고등학교 화학 문제집을 샀다. 입학하기 전 예습을 하지 않으면 절대로 수업을 이해하지 못할 것 같았다. 이미 고등학교 수준을 뛰어넘었을 동기생들에게 무시당할 생각을 하니 벌써부터 창피해졌다. 면접고사에서 내가 교수님들께 보여드렸던 내 바보 같은 이미지를 조금이나마 만회하고 싶었다.

　서울대학교 약학대학은 면접 시간에 과학 중 한 과목을 선택해 시험을 본다. 나는 물리를 선택했다. 재수학원 물리 선생님은 면접고사에서 대학 물리 수준의 문제를 만날 가능성이 높다고 말씀하시며 겁을 주셨다. 나는 대학 물리를 단시간에 정복할 자신이 없었다. 하루하루가 살얼음판을 걷는 것 같았다. 서울로 올라가는 기차 안에서도 지하철 안에서도 나는 물리 문제집에서 눈을 뗄 수 없었다. 오전에는 '운동량', 오후에는 '전기'에 관한 문제가 출제되었다. 나는 오전반이라서 다행히 상대적으로 쉬운 파트인 '운동량'에 관한 문제를 풀게 되었다. 정말 다행이었다. 만약 내가 오후반이었다면 아마 한 문제도 풀지 못했을 수도 있다. 면접 문제는 총 다섯 문제, 제한 시간은 20분이었다. 나는 다섯 문제 중 세 문제를 푼

후, 면접장에 들어갔다. 나의 면접은 형편없었다. 말투는 아직 군대식이었고, 나의 설명은 논리적이기보다는 감정적인 호소에 가까웠다. 교수님은 내 엉뚱한 답변을 듣고 고개를 갸우뚱거리셨다. 낮은 면접 점수에도 내가 합격할 수 있었던 이유는 수학 점수에만 더해지는 20%의 가산점 덕분이었다.

입학하는 날부터 나만의 전쟁은 시작되었다. 나는 매일 새벽 5시 30분에 일어나 씻고 밥을 먹은 후 지하철을 탔다. 오전 6시 20분쯤에 지하철을 탔는데, 깜짝 놀랐다. 이른 아침이고 종점에 가까운 역이었는데도 앉을 자리가 없었던 것이다. 나는 '이것이 서울의 부지런함이구나'라고 생각했다. 사람들은 아침 일찍부터 나와 하루를 준비했고, 환승역에서 분주한 인파는 마치 금메달을 따기 위해 달리는 육상 선수처럼 계단을 박차고 뛰어올라갔다. 여기서 두 번째 충격을 받았다. 나는 '이것이 서울의 경쟁력이구나'라고 생각했다.

지하철역에 내리면 또 버스를 타야 했다. 오전 7시가 넘은 시간에 중앙도서관에 자리를 잡고 앉으면 긴장이 풀려 졸음이 쏟아졌다. 수면 부족으로 몽롱한 상태일 때는 아무리 책을 들여다보아도 머리에 전혀 들어오지 않았다. 그럴 때는 책상에 엎드려 잤다. 서울 생활에 적응하는 것 자체가 내게는 고된 일이었다. 나는 늘 긴장했고 불안했다.

　신입생 오리엔테이션 모임에 참석했다. 05학번인 1학년부터 02학번인 4학년까지 다 모였는데, 아무리 살펴봐도 내가 가장 연장자 같았다. 서울대 약대는 수능 장수생이 거의 없다. 05학번 신입생도 대부분이 현역 아니면 재수생이었다. 왜냐하면 서울대 약대 합격 커트라인이 지방대 의대 합격 커트라인 이상이었기 때문이다. 약대와 의대 둘 다 합격한 N수생들은 의대를 선택한다. 반대로 현역 여학생들 중에는 일부러 의대를 피하거나 부모님이 의대를 반대해서 서울대 약대에 온 동기들도 있었다. 심지어 동기생 중에 수능 전체 문제에서 과학탐구 딱 한 문제만 틀린 여학생도 있었다. 실력으로는 서울대 의대에 들어가고도 남을 친구였는데, 자신은 꿈이 없어서 여기로 왔다고 말했다. 약대는 의대에 못 들어가서 어쩔 수 없이 간다는 내 선입견이 깨지는 순간이었다. 나와는 전혀 다른 세상에서 온 천재들 같았다. 괴물들 사이에 있으려니 자괴감이 들었다.

신입생들은 모이면 얼마 전까지만 해도 공통의 관심사였던 고등학교 성적을 이야기했다. 대부분의 동기생들은 고등학교 시절 내신과 수능 성적이 전교 1등이었다고 말했다. 서로가 다 자신이 전교 1등이었다고 말하자, 참다 못한 한 여학생이 이렇게 말했다.

"아니, 여기서 전교 1등 안 해본 애가 어디 있어? 다 전교 1등이었지."

이 말을 듣고, 두 명의 남학생은 용기를 내어 솔직하게 고백했다.

"나는 좀 부끄럽지만 내신은 전교 10등이었어. 수능은 전교 1등이었지만."

"아, 나도 내신은 전교 4등이었어."

학기 초에 사투리를 못 고친 대구 출신들이 함께 모여

이야기를 나눈 적이 있다. 그런데 놀랍게도 4~5명의 학생들은 이미 서로를 알고 있었다. 내가 물어보았다.

"아니, 학교도 다른데 서로 어떻게 아는 거야?"

"대구에서 서로 라이벌이었어요. 교장 선생님이 모의고사를 치면 '이번에 OO학교에 OOO가 500점 맞았대.'라고 알려주셨어요. 물론 저도 500점 나온 적 있고요."

"아……"

난 더 이상 할 말이 없었다. 알고 보니 내 모의고사 점수가 390점, 400점일 때 그 친구들의 점수는 500점이었다. 겉으로는 담담한 척했지만, 놀라움을 금할 수 없었다. 수학 천재, 영어 천재도 있었다. 창원 출신의 한 여학생은 고등학교 입학 이후 수학 문제를 단 한 문제도 틀려본 적이 없다고 말했다. 당연히 수능에서도 수학은 만점이었다. 외국에서 초등학교를 나온 한 여학생은 영어 시험을 20분 정도 만에 다 풀고 엎드려 잤다고 말했다. 당연히 수능 영어 만점자였다. 너무 이상해서 내가 질문했다.

"어떻게 외국어영역을 20분 만에 다 풀 수 있었어?"

"아, 그거 간단해. 영어 듣기를 하면서 동시에 독해 문제를 풀면 돼. 영어 듣기가 끝나는 순간, 영어 독해도 끝나는 거지."

"뭐라고? 그게 가능해?"

"응. 수능 영어는 미국 초등학교 수준으로 쉬워서 가능해."

"아…… 그렇구나."

"내가 시험 다 치고 엎드려 자는데, 시험 감독관님이 나한테 와서 '학생, 일어나요. 벌써 포기하면 안 돼요.'라고 말씀하시더라고. 좀 민망했어."

"아마 그분도 네가 다 풀었으리라고는 생각 못 하셨을

거야. 충분히 이해된다."

민족사관고등학교, 과학고, 외고 출신들은 이런 대화에 끼지도 않았다. 그 학교들은 이미 학교 선배들이 구축한 커뮤니티가 있었다. 그 친구들은 스스로가 특별하다는 사실을 알고 있었다. 그들은 학교 적응을 위해 자신의 커뮤니티 안에 들어가 어울렸다. 그 커뮤니티에는 방대한 리포트 자료들이 올라와 있었기 때문에 큰 노력 없이 좋은 성적을 낼 수 있었다.

1학년 1학기는 참 외롭고 불안한 시기였다. 나는 나 스스로에게 계속 이 질문을 던졌다.

'내가 왜 여기에 있는 걸까?'

아마 향수병에 걸렸던 것일 수도 있다. 나는 매일 대구에 있는 친구들을 떠올렸다. 친구들과 함께 PC방에 가서 신나게 게임하고, 노래방에서 락 발라드를 열창하고 싶었다. 그것은 단순한 놀이가 아니었다. 친구들은 내 삶을 지탱시켜 준 의미였다. 무엇을 하든지 간에 그 친구들만 있으면 난 행복했고, 모든 근심 걱정을 잊을 수 있었다.

서울대학교는 상류층 집단이 모인 학교 같아 보였다. 상류층 자제들의 학업 수준은 내가 상상한 것 이상으로 뛰어났다. 그들 앞에서 내가 내세울 만한 것은 아무것도 없었다. 성적, 외모, 돈, 운동, 외국어, 과외 경험, 나이, 인맥, 집안환경, 이 모든 것에서 나는 이미 그들보다 한참 뒤처지고 있었다. 나는 심한 열등감을 느꼈다.

'내 능력은 이곳에 있기엔 너무 부족해.'
'그들과 비교할 때 난 너무 가난해. 보잘것없어.'
'나에게 그들과 동일한 조건이 주어진다면 훨씬 더 잘할 텐데.'

이런 생각이 들면, 난 하루라도 빨리 대구로 도망치고 싶었다. 그러나 대구에는 끝판 대장인 아빠가 존재하고 있었다. 진퇴양난이었다. 서울대학교 본관 앞에 서 있을 때 나는 마치 내 눈앞에 펼쳐진 모든 것이 비현실적이라는 생각이 들었다. 나는 현실로 돌아가기 위해 무언가 대책을 마련해야만 했다.

2
내 별명은 중도인생이었다

1학년 1학기가 가장 두려웠던 이유는 〈대학국어〉 때문이었다. 나는 '국어'라는 단어만 보아도 몸서리를 쳤다. 고등학교 2학년 때 실시한 논술시험의 악몽이 떠올랐다. 논술시험에 참여한 학생의 수는 약 250명이었고, 우리 반에서는 25명이었다. 논술시험은 지문을 읽고, 주어진 질문에 대한 나의 주장을 논리적으로 전개하는 시험이었다. 지문은 소크라테스, 플라톤 같은 철학자의 글이었다. 질문은 이 철학자의 주장에 찬성하느냐 아니면 반대하느냐를 묻는 질문이었다. 나는 답안지의 빈 공간을 보자마자 머릿속이 하얘졌다.

　그때부터 까만 것은 글자, 하얀 것은 종이라는 것만 구분될 뿐, 나는 그 어느 것도 이해하지 못했고, 생각할 수 없었다. 그러나 나는 빈 답안지를 제출할 수 없었다. 나는 반에서 세 손가락 안에 드는 우등생이었기 때문이다. 나는 내가 논술에 대해서는 바보라는 것을 들키고 싶지 않았다. 사각사각 친구들이 답안지를 채우는 연필 소리가 쉴 새 없이 들려왔다. 나는 연필을 들고 눈에 보이는 것들을 다 따라 적기 시작했다.

　나는 질문에 대한 내 생각이 아니라 소크라테스의 생

각을 따라 적었다. 지문을 처음부터 끝까지 따라 적었다. 나는 논술에서 좋은 성적을 기대하진 않았지만, 끝에서 두 번째라는 사실에 큰 충격을 받았다. 내 평생 최악의 성적이었기 때문이다. 그 이후 나는 글쓰기를 두려워하게 되었다.

그런데 1학년 1학기 처음부터 글쓰기 과목이 등장했다. 교수님은 4~5명씩 팀을 만들어 특정 주제에 대한 연구 소논문을 써 오라고 하셨다. 나는 장학금을 받기 위해 필사적으로 매달렸다. 그러나 불행하게도 나 혼자 필사적이었다. 나의 목적은 성적이었지만, 다른 팀원들의 목적은 행복이었다. 그들은 동아리 활동에 적극적으로 참여했고, 친구들을 만나고, 대학 생활의 자유를 즐기거나 쉬었다. 반면, 나는 주말에도 학교에 나왔다. 나는 PC실에서 소논문 자료를 수집하며, 속으로 팀원들을 욕했다.

내가 지금 〈대학국어〉 수업을 다시 들을 수만 있다면 얼마나 좋을까? 나는 지난날의 실수를 되풀이하지 않을 것이다. 나는 혼자서 자료를 모으는 대신, 팀원들을 다 불러 모아 치킨을 먹고 음료수를 마실 것이다. 팀원 한 명 한 명에게 가장 좋아하는 주제를 물어보고, 그들의 이야기를 경청할 것이다. 성적을 위해서 소논문을 작성하는 것이 아니라 좋은 친구가 될 수 있는 방법으로 소논문을 활용할 것이다. 나는 2005년에 그렇게 하지 못한 나 자신의 행동을 후회한다.

〈대학국어〉의 지옥에서 빠져나갈 수 있는 방법이 없었던 것은 아니었다. 구원의 길은 존재했다. 〈대학국어〉 책 뒤에 있는 한자들을 다 외우기만 하면 A+를 받을 수 있었다. 7막 7장의 한 장면이 생각났다. 홍정욱 씨가 48시간 동안 복잡한 131행의 시를 다 외워 영어에서 A를 받아냈다. 나도 A를 받기 위해 한자를 외우기 시작했다.

등교 시간, 쉬는 시간, 주말에 계속 외웠지만 도무지 외워지지 않았다. 한 번은 단 1분도 안 자고 밤새도록 공부한 적도 있었다. 그래도 결과는 항상 100점 만점에 60점이었다. 글쓰기에 대한 열등감이 있었던 나는 소논문 작성에도 실패하게 된다. 나의 최종 작품은 자격 미달이었고, 발표 또한 형편없었다. 나는 나 자신에게 화가 났고, 팀원들을 원망했다. 교수님이 팀장들에게 팀원들의 기여도를 적으라고 하셨을 때, 나는 사실대로 적고 싶었다. 하지만 동기들에게 그럴 수 없었다. 나는 모두에게 동일한 점수를 주었다.

〈대학국어〉의 성적은 B0가 나왔다. 대학교에서 받은 다섯 개의 B 중 첫 번째가 탄생하는 순간이었다. 처음으로 나는 B를 보며 감사했다. C가 나오지 않은 것만 해도 다행이었다. 〈대학국어〉에 대한 공포가 생긴 나는 감히 재수강은 꿈도 꾸지 않았다. 국어 대신 나는 수학에 집중해 보기로 했다. 수학은 수능에서도 나에게 가장 큰 힘이 되어 주었던 친구였다. 분명히 대학교에서 듣는 유일한 수학 과목인 〈생명과학을 위한 수학〉도 내게 기억에 남는 친구가 되어 줄 것 같은 좋은 예감이 들었다. 나는 수학과 친해지기 위해 매일 책을 들고 중앙도서관을 향했다.

나는 매일 수업이 끝나자마자 중앙도서관으로 갔다. 중앙도서관에서 나는 주로 수학책을 붙들고 씨름했다. 분명히 고등학교 수준이었지만 나는 내용이 잘 이해가 되지 않았다. 다음 날 수업이 없는 금요일에는 밤을 샌 적도 많았다. 한 번은 약대 도서관에서 새벽까지 공부하다 출입문을 여는 방법을 몰라 갇힌 적도 있었다. 그때 난 어쩔 수 없이 다시 도서관으로 돌아가 엎드려 잠을 청했다. 잠시 후 누군가가 놀라는 소리가 들렸다. 청소하시는 아주머니가 깜짝 놀라며 나를 유심히 쳐다보셨다. 나는 그분에게 새벽에 문을 여는 방법에 대해 여쭤보았고, 그분은 친절하게 문 옆에 버튼을 누르면 된다고 알려주셨다.

약대 동기생들은 매일 중앙도서관에 앉아 있는 나에게 '중도인생'이란 별명을 지어주었다. 그때부터 나는 이름 대신 '중도인생'이라고 불렸다. 동기생들 중에는 나처럼 중도인생이 되고 싶어 하는 여학생도 한 명 있었다. 그 여학생은 한동안 나와 함께 공부하곤 했는데, 동기생들은 모두 그녀와 내가 사귀는 것 같다고 수군거렸다. 어느 금요일 그녀가 나에게 말을 걸었다.

"오빠 영화 보러 갈래요?"

"아니, 난 그럴 시간이 없어. 난 공부해야 해."

그날 이후 그녀는 내게 더 이상 데이트를 신청하지 않았다. 나는 그녀가 나 때문에 남자친구를 사귀지 못할까 걱정이 되었다. 그래서 동기생들을 만날 때마다 나와 그녀는 아무 사이가 아니라고 못 박아 두었다.

수학 중간고사 날이 되었다. 나는 수면 부족으로 만성 피로에 시달렸다. 커피를 많이 마셔 항상 각성 상태였지만, 두뇌는 회전하지 않고 그 자리에 멈춘 것만 같았다. 그토록 오랜 시간 공부했건만 난 문제를 풀 수가 없었다. 200점 만점에 128점을 맞았다. 100점으로 환산하면 64점이었다. 밤새도록 공부한 대가 치고는 가혹했다.

수학 점수는 학번만 입력하면 누구나 점수를 확인할 수 있었다. 성적에 민감한 누군가가 전체 평균을 내어 알려주었다. 평균은 자세히 기억나진 않지만 140점 이상이었던 것 같다. 동기들은 180점이 넘는 고득점자의 이름을 열거하며 찬양했다. 주로 과학고 출신들이 많았다. 그리고 누군가가 내 점수를 언급했다. 동기생들은 내 점수를 보며 실망한 것 같았다. 나는 공개적으로 바보가 된 것 같았다. 대학생활 중 가장 수치스러운 순간이었다.

수학 중간고사 점수가 공개된 후, 나는 동기생들에게 은근히 무시를 당했다. 나이 어린 동생들에게 무시를 당하니 서러움이 올라왔다. 내가 이제 매달릴 곳은 수학 교수님의 보너스 점수밖에 없었다. 수학 교수님은 학기 초에 우리에게 이런 약속을 하셨다.

> "매 시간 학생들의 적극성을 체크하겠습니다. 수업에 능동적으로 참여하는 학생들에게는 별을 드리겠습니다. 그리고 질문에 적절하게 대답하거나, 나와서 문제를 푼 학생에게는 왕별을 드리겠습니다. 학기 말에 출석표에 그려진 별의 개수를 합산해 가장 많은 별을 받은 학생에게는 보너스 점수를 드리겠습니다. 보너스 점수를 받는 학생은 성적이 한 단계 업그레이드될 것입니다."

나는 수학 시간 되기 한참 전에 강의실에 가서 맨 앞자리에 가방을 올려두었다. 수업 시간에는 초롱초롱한 눈망울로 교수님을 쳐다보았다. 가끔씩 교수님이 질문을 하시면 난 항상 손을 들고 대답하였다. 교수님은 그런 나를 귀여워하셨고, 내 중간고사 점수를 보며 안타까워하셨다. 지금 생각하면 부끄러울 정도로 나는 중간고사 이후 왕별에 미쳐 있었다.

수학 수업은 선택권이 없는 필수 과목이었다. 나와 동기생들은 아무 생각 없이 평범한 교양 수업이려니 생각했다. 그런데 우리와 함께 수업을 듣는 학생이 의대생들인 걸 알고 놀라움을 숨길 수 없었다. 약대생인 우리는 억울했다. 우리는 메뚜기 같았고, 의대생들은 골리앗 같아 보였다. 우리가 웅성웅성거리자, 교수님은 성적을 매길 때는 의대와 약대를 분리하겠다고 약속하셨다.

"이 문제 풀어볼 사람 있어요?"

교수님이 말씀하시자마자 나는 손을 번쩍 들었다.

"나와서 풀어보세요."

사실 나는 푸는 방법을 몰랐다. 그저 왕별을 받기 위해 칠판 앞으로 무작정 뛰어든 것에 불과했다. 그런데 갑자기 뒤에서 누군가가 내게 풀이법을 알려주었다. 고마웠다. 내가 중간중간에 틀리면, 그 친구가 또 교정해 주었다. 뒤돌아 얼굴을 보니 의대생 중 한 명이 거만한 표정으로 나를 쳐다보고 있었다. '역시 의대생은 천재구나'라고 나는 속앓이를 했다. 어찌 되었든 난 그 친구 덕분에 왕별을 받았다.

수학 기말고사 전날, 나는 대학국어를 포기하고 수학 공부에 올인했다. 밤새도록 연습 문제를 다 풀었다. 포기하고 싶을 때마다 중간고사의 수치를 떠올렸다. 기말고사로 동기생들의 코를 납작하게 만들어 주고 싶었다. 중도인생의 명예를 반드시 회복해야만 했다. 나는 밤을 꼬박 새고 시험장으로 향했다.

기말고사는 중간고사보다 더 어려웠고, 시험 범위도 넓어 헷갈리는 문제도 많았다. 그러나 전날 공부한 문제들과 비슷한 유형들이 많아서 중간고사 때보다는 더 수월했다. 공식을 알기 때문에 정답은 알겠는데, 풀이 과정을 적지 못한 문제도 있었다. 나는 그 문제를 풀기 위해 많은 시간을 할애했다. 시험이 끝나자, 수능시험 날 느꼈던 뿌듯함이 밀려왔다. 완벽하진 않았지만, 후회가 남지 않는 시험이었다. 나는 초조하게 채점 결과를 기다렸다.

수학 기말고사 점수가 공개되는 날, 나는 불안해서 제대로 볼 수가 없었다. 나는 A4용지로 모니터를 가린 채, 학번을 입력했다. 마치 포커 카드를 확인하듯 나는 종이를 옆으로 조금씩 밀면서 한 글자씩 확인했다. 첫 글자는

1이었다. 다행이다. 200점 만점에 100점은 넘었다. 두 번째 글자는 모양이 이상했다. 5라고 생각했는데 9였다. 나는 흥분을 감추지 못하고, 종이를 던져버렸다. 내 기말고사 점수는 198점이었다. 나는 혼자서 어퍼컷 세리머니를 하며 "예스"라고 소리쳤다.

우리 과 커뮤니티에 수학 최고점이 공개되었다. 198점이었다. 의대생 그룹에는 200점 만점자도 존재했다. 의대생과 약대생 전체를 통틀어 기말고사 점수는 내가 2등이었다. 한 친구는 나에게 '몬스터'란 댓글을 남겼다. 이후 내 별명은 '몬스터'가 되었다. 내가 몬스터라고 부르던 아이들에게 '몬스터'로 불리는 기분은 나쁘지 않았다. 몬스터 중의 몬스터가 된 것 같았다. 중간고사로 바닥까지 떨어졌던 '중도인생'의 이미지는 기말고사로 단번에 회복되었다. 노력은 결코 배신하지 않음을 다시 한 번 경험했다. 나는 다시 어깨를 펴고 당당하게 다닐 수 있게 되었다.

이제 관건은 누가 수학에서 A+를 받느냐였다. 상대평가였기 때문에 A+는 여섯 명 정도로 정해져 있었다. A+를 받기 위해서는 최소한 160점대 후반의 평균 점수가 필요했다. 안타깝지만 내 평균 점수는 163점. A0였다. 이제 내가 믿을 것은 교수님이 약속하신 보너스밖에 없었다. 나는 매시간 얼굴에 철판을 깔고 열정적으로 손을 들고 대답했다. 그렇기 때문에 당연히 보너스 점수는 내 것일 거라고 예상했다.

최종 성적이 공개되었다. A+이었다. 수학 교수님은 게시판을 통해 '보너스 수상자'를 공개하시면서 동시에 수상자의 노력을 칭찬해 주셨다. 한 동기생은 댓글로 내가 수상자가 된 이유를 질문했다. 교수님은 이렇게 대답하셨다.

"박일섭 학생이 귀여워서요."

나중에 교수님께 감사 인사를 드렸다. 교수님은 내 노력에 비해 중간고사 성적이 안 좋아서 안타까웠다고 말씀하셨다. 내 성적까지 기억해 주시는 교수님의 따뜻한 마음을 직접 들으니 감동은 더 커졌다. '수학과로 왔어야 했나?'라는 생각이 스쳐 지나갔다. 교수님은 내게 마지막까지 포기하지 않고 노력해서 좋은 결과를 내었다고 칭찬해 주셨다. 나의 자존감을 높여주신 교수님으로 인해 '생명과학을 위한 수학 1'은 내 평생 가장 기억에 남는 수업으로 등극했다.

3
괴물들 사이에서 살아남기

먼 강의실로 이동할 때 혹은 쉬는 시간에 동기생들은 옹기종기 모여 대화의 꽃을 피웠다. 본격적인 대학 생활이 시작되자 이제 그 누구도 고등학교 성적에 관해서 이야기하지 않았다. 혈기왕성한 젊은이들이 나누는 대화의 주제는 자연스럽게 돈, 외모, 연애 쪽으로 흘러갔다. 친한 친구들끼리 모여 서로 부모님의 직업을 물어보고, 주소를 물어보았다. 부모님의 직업은 의사, 외교관, 사업가, 일반 공무원, 회사원, 택시기사 등 다양했지만, 교수 또는 교사가 가장 많았다. 내가 알게 된 동기들의 주소를 분석해 보면 대략적으로 서울 출신이 절반, 지방 출신이 절반인 것 같았다. 서울 출신 중에서 절반은 강남 출신인 것 같았다. 우리는 끼리끼리 어울렸다. 강남 출신은 강남 출신끼리, 지방 출신은 지방 출신끼리 뭉쳐 다녔다. 강남 출신 동기들은 모여서 그 당시 몇 억씩 떨어진 집값을 걱정했고, 지방 출신 동기들은 라디오를 들으면서 표준어를 연습했다.

'도대체 내가 왜 여기에 있는 걸까?'

서울에 올라와 내가 가장 많이 한 생각이다. 나는 한 학기 동안 동기생들을 관찰하면서 자격지심이 들었다. 동기생들은 내가 갖지 못한 많은 장점들을 소유하고 있었으며, 활용하고 누리고 있었다. 나는 좋은 풀 옵션이 장착된 그들의 캐릭터가 부러웠다. 행여라 그들에게 내 약점이 들킬까 나는 노심초사했다. 내 캐릭터는 그들과 비교할 때 초라해 보였다. 현질해서 업그레이드하고 싶었지만 과외해서 번 돈은 모두 생활비로 지출되었기 때문에 그것마저도 불가능했다.

1학년 내내 열등감 콤플렉스가 날 지배했다. 나이, 외모, 돈, 명예, 권력, 운동, 꿈 이 모든 면에서 내가 그들보다 나은 것이 하나도 없어 보였다. 오기가 생겼다. 적어도 한 분야에서만큼은 나도 그들 앞에서 우월감을 느끼고 싶었다. 대학 신입생에게 가정환경, 외모, 돈 같은 영역은 거의 운의 영역이다. 나는 타고난 운의 영역에서 벗어나 있는 분야를 찾아야만 했다. 운이 아니라 오로지 시간과 노력을 들여야만 성취할 수 있는 영역이 무엇인지 나는 고민했다. 답은 가까이에 있었다. 내가 가장 자신 있는 것, 바로 공부였다. 2학기부터 나는 열심히 공부해서 A+ 받는 것을 대학 생활의 목적으로 삼았다.

남들이 1시간 공부하면 나는 2시간 공부해야 했다. 여기서 아무리 공부를 못하는 꼴찌도 서울대생이라는 사실을 나는 잊지 않았다. 그 누구도 쉬운 상대라 여기며 가볍게 대하지 않았다. 한 과목 한 과목, 한 명 한 명을 상대할 때마다 나는 최선을 다했다. 매일 새벽같이 중앙도서관에 가서 오전 수업을 예습하고, 수업이 끝나면 리포트 작성을 위한 참고 문헌을 검색했다. 아무리 열심히 공부해도 실력은 좀처럼 오르지 않았다. 늘 부족했다. 특히 영어로만 진행되는 대학 영어 수업은 나의 듣기와 말하기가 약해서 수업 시간마다 진땀을 뺐다.

나는 공부할 시간을 조금이라도 더 벌기 위해 1학년 2학기부터 고시원에서 살기로 했다. 서울대입구역에서 학교 쪽으로 10분 정도 걸어서 올라가다 보면 우편에 있는 작은 고시원이었다. 고시원은 너무 좁고 답답했다. 저녁에 고시원에 들어가면 나는 아무것도 하지 않고, 무조건 씻고 잤다. 그리고 눈을 뜨면 나는 무조건 중앙도서관으로 가기 위해 일어났다. 일찍 잠드는 날은 새벽 2시나 3시에 일어났는데, 그 시간대에는 버스가 없어서 걸어갈 수밖에 없었다. 중앙도서관 3층 열람실은 24시간 운영이었기 때문에 언제든 가서 공부할 수 있어서 너무 좋았다.

점심시간에도 더 오래 공부할 수 있는 방법을 찾아야만 했다. 오후에 시작되는 영어 수업을 준비할 시간이 필요했다. 그래서 나는 줄 서지 않고 바로 밥을 먹을 수 있는 1,800원짜리 식권을 수십 개씩 사서 가방에 보관해 두었다. 덕분에 나는 점심시간에 식권을 살 필요도 없었고, 줄을 서서 기다릴 필요도 없었다. 1,800원짜리 식단은 맛이 없고 영양이 부실했지만, 나는 그 단점보다 시간을 벌 수 있다는 장점을 더 크게 여겼다.

나는 교수님이 가산점을 주신다고 하면 그게 발표든, 심부름이든, 견학이든 뭐든지 다 했다. 수업 시간에 교수님이 하시는 말씀은 연습장에 무엇이든 다 적기 시작했다. 자연스럽게 나의 필기 속도는 올라갔고 곧 교수님의 모든 말씀을 놓치지 않고 다 적을 수 있는 속기사가 되었다. 처음에는 녹음해서 다시 필기해 보았다. 그러나 시간이 2배로 낭비되어 그 방법은 도저히 쓸 수 없었다.

시험기간에는 교과서의 모든 문단을 다 외우려고 노력했다. 한 번은 시험 문제가 요구하는 문단만 적었어야 했는데, 제대로 문제를 이해하지 못한 나는 그다음 문단까지 다 적어버렸다. 채점 조교님은 처음에 그 문제를 틀렸다고 판단하셨지만, 내가 찾아가 무섭게 정정을 요구하자 마지못해 받아들여 주셨다. 나는 A+을 받지 못할까 두려웠던 것이다. 나중에 성적을 확인할 때 내 걱정이 기우였다는 것을 확인할 수 있었다. 내 성적은 100명 중 1등이었다. 괜히 그 조교님께 죄송했다.

2학년이 되자 나와 동기생들은 약대 건물을 떠날 수가 없었다. 수업은 오전 9시부터 저녁 6시까지 꽉 들어차 있었다. 우리는 다시 고등학생이 되었다. 과학고 출신 학생들은 본인의 특기를 발휘할 수 있는 기회를 얻었고, 좋은 성적을 누렸다. 나 또한 그들에게 지지 않기 위해 고군분투했다. 마음씨 착한 동기들은 항상 불안해 보이고 성격이 까칠한 나를 이해하고 배려해 주었다. 그 동기들 덕분에 나는 무사히 모든 수업을 들을 수 있었고, 리포트 준비도 할 수 있었고, 시험도 잘 칠 수 있었다. 그들이 내게 보여 준 자료가 없이 나 혼자 공부했다면 지금의 내 성적은 불가능했으리라.

2학년 여름방학 독서실에서 유기화학을 공부하고 있

을 때 약품분석학 교수님께 전화가 왔다. 〈약원〉이라는 서울대 약대 학보가 있는데 한동안 출간되지 않고 있다고 말씀하셨다. 교수님은 내게 약원 편집장이 되어 약원 43호를 발간해 달라고 부탁하셨다. 처음에는 "제가 아직 2학년이기 때문에 편집장은 맡을 수 없습니다."라고 정중하게 거절했다. 그러나 교수님이 거듭해서 부탁하셨고, 결국 나는 거절하지 못하고 수락했다. 교무실에 가니 교무 실장님은 내가 근로 장학생이 되었기 때문에 학교에서 6개월 동안 월 30만 원씩 내 계좌로 지급할 것이라고 설명해 주셨다.

 평생 책 한 권 제대로 읽어 본 적도 없는 내가 편집장이 되었으니 학보 기획 및 제작이 잘 흘러갈 리 없었다. 게다가 편집위원들은 다 선배들이어서 일을 하기가 서로 불편했다. 약원은 그 존재 자체로 내게 2학기 내내 스트레스를 주었다. 나는 서울대 약대를 소개하기 위해 교수님들께 실험실 소개를 부탁드렸다. 그리고 나를 포함한 모든 편집위원들은 각자 맡은 기사와 에세이를 마감기한까지 작성하기로 했다. 모든 자료가 다 준비되고 편집만 하면 끝나는 상황이었지만, 나는 편집장으로서 해야 할 일을 다하지 못했다. 유학을 가기 위한 동기 부여를 위해 미국 여행 예약이 사전에 되어 있었기 때문이다. 지금 돌이켜 보면 정말 책임감 없는 행동이었다. 끝까지 남아 약원 43호를 완성시켜 주신 편집위원들과 교수님께 이 자리를 빌려 사과드리고 싶다.

"죄송합니다. 그리고 감사합니다."

2학년 2학기는 참 힘든 일이 많았다. 동기들은 수학여행이 계획되어 있는 그 학기에 날 과대로 뽑았다. 나는 교수님을 포함한 60명의 인원을 이끌고 제주도로 3박 4일 다녀와야만 했다. 나 혼자 모든 일을 준비하기란 쉽지 않았다. 그래서 나는 항공권, 숙박, 여행 일정을 피앤피제주라는 여행사에 위임했다. 나는 동기들에게 회사에서 정해 준 일정을 설명하고, 한 사람당 187,500원씩 걷어 여행사에 납부했다.

아직도 입금할 때의 그 순간을 잊지 못한다. 내 평생 처음으로 통장에 천만 원이 넘는 금액이 찍혔다. 나는 몇 번이나 혹시 피앤피제주라는 회사가 사기꾼은 아닐까 의심했다. 그래서 나는 여러 가지 방법으로 그 회사에 전화를 걸어 진위 여부를 확인하려 애썼다. 마침내 손을 떨며 입금했고, 나는 하나님께 제발 사기당하지 않게 해 달라고 기도드렸다. 다행히 사기는 아니었고, 05학번 동기는 제주도에서 신나게 놀았다.

나는 과대의 권한으로 여학생들은 친한 친구들끼리 한 방을 쓸 수 있도록 배려했다. 미안했지만 남학생들은 넓은 방에 다 때려 넣었다. 그래서 여학생들은 절친 2~4명이 한 방에서 지내며 편히 쉴 수 있었지만, 남학생들은 솔직히 좀 힘들었을 것이다. 아무 불평 없이 따라 준 남학생 동기들에게 다시 한 번 고맙다는 생각이 든다. 그리고 지금 기회에 여학생들에게 한마디 하고 싶다.

"아침에 좀 일찍 일어나. 문 두드리며 너희들 깨우느라 힘들었어."

학번만 알면 성적을 알 수 있는 과목들이 몇 개 있었는데, 그런 과목마다 나는 A+를 받았다. 동기들은 내 성적이 우수하다는 사실을 알아채기 시작했다. 사람들이 나를 인정해 줄수록 나는 점점 더 교만해졌다. 열등감 콤플렉스는 우월감 콤플렉스로 바뀌고 있었다. 무슨 일을 하든 나는 동기들보다 더 잘하고 싶었다. 나의 우수함을 그들에게 뽐내고 싶었다.

어떤 학생은 내 학점이 좋다는 사실을 믿지 못했다. 친구들은 그 학생을 설득하다가 과대의 업무로 칠판 앞에 서 있던 내게 이렇게 질문했다.

"형, A0 나오면 평점 떨어지죠?"

교실은 순간 조용해졌고 모두가 나를 주목했다. 진퇴양난인 상황이었다. 맞다고 대답하면 날 재수 없게 여길 것이고, 아니라고 대답하면 날 거짓말쟁이로 여길 것이었다. 나는 솔직하게 답변하기로 결심했다.

"응. 떨어져."

교실은 술렁거리기 시작했다. 그날부터 나의 유행어였던 "위기다! 공부 하나도 못했다!"는 씨알도 안 먹혔다. 나와 친하게 지냈던 몇몇 지방 친구들은 갑자기 나와 시험 자료를 공유하지 않기 시작했다. 그것은 그들의 잘못이 아니었다. 그동안 내가 배려를 받아 왔었던 것이기 때문에 아무도 탓할 수 없었다. 나는 마음을 독하게 먹었다.

물리약학 수업은 다음 날 오후 4시였다. 나는 그 누구에게도 족보를 보여달라 부탁할 수 없었다. 다른 과목 시험을 마치고 온 나는 저녁 6시에야 도서관에 앉을 수 있었다. 족보도 없이, 요약 노트도 없이 내일 시험을 준비해야 하는 난감한 상황이었다. 시험까지 나에게 주어진 시간도 22시간밖에 남지 않았다. 방대한 분량을 모두 공부하기에는 턱없이 부족한 시간이었다. 그러나 이상하게도 그날은 집중이 굉장히 잘 되었다. 나는 생리 현상과 배고픔을 해결하는 시간을 제외하곤, 21시간 정도 집중해서 공부했다. 결과는 A+이었다. 그러나 모든 공부에 다 집중할 수 있었던 건 아니다. 06년도 2학기는 가장 바쁘고 힘들고 아픈 학기였기 때문에, 최악의 평균 평점을 받게 되었다.

4
써니와 맺은 계약

복도 게시판에서 근로 장학생을 구한다는 문구를 읽었다. 지난 학기에 이어 이번에도 근로 장학생이 된다면 생활비에 큰 도움이 될 것 같았다. 나는 과 사무실에 들어가 안면이 있는 교무 실장님께 인사드렸다.

"저 이번에 장애 학생 도우미를 구하신다고 들었습니다."

"네, 맞습니다. 하시려구요?"

"네. 제가 도우미를 해도 될까요?"

"죄송하지만 안 됩니다. 여학생이기 때문에 여학생을 구하고 있습니다."

"아, 그렇군요. 일단 알겠습니다."

나는 크게 아쉬워했다. 그 누구보다 내가 장애 학생 도우미에 더 적격이라는 확신이 있었기 때문이었다. 나는 소록도에 가서 나병 환자들을 방문해 봉사한 적도 있었다. 장애인 수련회에 가서 도우미를 한 적도 있었다. 동기생들 중에는 아무리 살펴봐도 그럴 만한 학생은 보이지 않았다. 문득 나는 장애 학생이 누구인지 궁금해졌다. 우리 동기 중에 장애 학생은 한 명도 없었기 때문에 나는 휴학생 중 한 명일 거라고 추측했다.

며칠 후 교무 실장님으로부터 전화가 왔다.

"안녕하세요. 장애 학생 도우미 때문에 연락드렸습니다."

"안녕하세요. 지난번에 안 된다고 하셨지 않나요?"

"네, 맞습니다. 그런데 아무도 지원을 하지 않네요."

"그래요? 안타깝네요."

"한 번 해 보시겠어요? 장애 학생이 남자도 상관없다고 합니다."

"네. 감사합니다. 제가 꼭 하고 싶습니다."

나는 한걸음에 사무실로 달려가 지원서를 제출했다. 장애 학생 써니를 만나 인사했다. 써니는 몸이 아주 작고 귀여운 여학생이었다. 큰 전동 휠체어에 앉아 있었으니 아마 더 작게 보였을 것이다. 아마 걸을 수 없거나, 걷기가 매우 불편한 아이라는 생각이 들었다. 그녀가 나보다 1학년 선배였으나, 내가 나이가 더 많기 때문에 반말을 하기로 했다.

써니는 씩씩했다. 나와 얘기할 때 항상 웃으려 노력하고, 큰 목소리로 대답했다. 가끔 저녁에 수업이 끝날 때면 기숙사까지 같이 가곤 했다. 사실 그녀는 거의 모든 일을 스스로 할 수 있었고, 또 무슨 일이든 혼자서 해내고 싶어했다. 그러다 보니 내가 꼭 해야 할 일은 그녀 혼자서 가기 힘든 실험실에 갈 때 도와주는 것 정도밖에 없었다. 그녀 덕분에 내가 근로 장학생이 되었으니 내가 오히려 그녀에게 빚진 기분이 들었다.

써니는 팔이 짧고 전동 휠체어를 타고 다니기 때문에 문을 열고 닫기가 쉽지 않다. 그걸 알면서도 나는 일부러 문을 열어 주지 않은 적이 있다. 직감적으로 그녀를 보통 사람처럼 대해야겠다는 생각이 들었다. 예상대로 그녀는 그것을 더 좋아했다. 그 이후로 나는 종종 그녀에게 너는 너무 공부를 못한다고 핀잔을 주었다. 나보다 텝스 점수가 200점이나 높은 친구에게 내가 그런 말을 했다니 지금 생각하면 좀 부끄럽다.

그 당시 기숙사에는 인조잔디가 깔려 있는 큰 축구장이 있었다. 써니는 갑자기 멈춰 서서 한참 동안 운동장에서 뛰는 사람들을 바라보았다. 그리고 이렇게 말했다.

"오빠, 난 꿈이 달리기 한 번 해 보는 거예요. 태어나서 한 번도 못 해봤어요."

난 가슴이 먹먹해졌다. 기숙사 방에 돌아가서 그 아이의 말을 곱씹어 보았다. 나의 열등감과 교만함에 대해 반성했다. 써니같이 달리기 한 번 못 해 본 아이도, 아니 앞으로도 평생 달리기는 꿈도 꾸지 못할 저 아이도 저렇게 씩씩하게 잘 살아가는데 내가 지레 겁먹고 열등감에 시달릴 필요는 없을 것 같았다. 잘난 것도 없는 내가 성적 하나 믿고 교만해지는 것은 더더욱 안 될 일이었다. 더 많은 것을 가지려고 욕심부리기보다는 내가 지금 가진 것에 감사해야겠다고 결심했다.

　나는 달리기도 할 수 있고, 농구도 할 수 있는 건강한 몸이 있었다. 무엇보다 아직 젊은 나에게는 그 어떤 일에도 도전해 볼 수 있는 충분한 시간이 있었다. 우리나라 최고의 대학인 서울대학교에 들어오고 나서야 나는 비로소 깨달을 수 있었다. 인생에서 학벌이 전부가 아님을. 나는 분명 서울대 약대 에이스였지만, 여전히 나의 마음은 불안했고, 나의 미래는 불투명했다.

　3학년 2학기 때 내 마음은 진로에 대한 고민으로 요동치고 있었다. 나는 스트레스를 풀기 위해 교내 헬스장에서 일주일에 두세 번 운동했다. 나는 근육이 쉽게 생기는 체질이라 금방 몸이 탄탄해졌다. 근육은 나에게 자신감을 주었다. 불안정한 마음에 자신감이 더해지자 내 마음속에서 공격성이 일기 시작했다.

　어느 위생화학 실험 시간에 나와 몇몇 동기들이 남아 현미경으로 실험체를 관찰하고 있었다. 나는 이런저런 방법으로 아무리 들여다보아도 원하는 그림이 나오지 않아 답답했다. 갑자기 군대 다녀온 복학생 조교가 소리쳤다.

"실험 끝났으니까. 이제 나가."

일찍 집에 보내 준다는데 얼마나 기쁜 일인가? 동기들은 가방을 챙기기 시작했다. 그런데 나는 끝까지 현미경을 붙들고 놓지 않았다. 조교가 내게 한마디 덧붙였다.

"너는 왜 안 가고 남아 있어?"

그날 나는 참지 못하고 폭발했다. 죄송하지만 그 조교님에게는 정말 운수 나쁜 날이었다.

"아직 수업 시간 안 끝났잖아요?"

"뭐?"

"자꾸 이러시면 교수님께 말씀드리겠습니다."

남자 조교도 화가 머리끝까지 올라왔지만, 교수님이 언급되자 당황한 기색이 역력했다. 조교는 미친 학부생의 반항에 더 이상 대응하지 않고 그 자리를 떠났다. 남자 동기들 몇 명이 놀란 표정으로 그 장면을 지켜보고 있었다. 나는 내 행동이 후회스러웠지만, 동기들 앞에서는 일부러 떳떳한 척했다.

나는 너무 부끄러워 써니에게는 아무 말도 하지 않았다. 힘들고 어려운 상황 속에서도 자기 꿈을 향해 씩씩하게 달려가는 그녀를 본받기로 한 나의 결심이 떠올랐기 때문이다. 미생물, 생약학 등 외울 게 너무 많은 과목을 핑계 대고 휴학하고 싶은 충동이 날마다 올라왔다. 그때 써니는 04학번 선배가 만든 생약학 정리 파일을 내게 건네주며 위로해 주었다.

기운을 회복한 나는 써니와 함께 기숙사 식당에 앉아 생약학의 수많은 식물들의 학명과 성분과 효능을 외웠다. 나는 잠을 한숨도 안 잤기 때문에 새벽녘에 그녀의 진도를 따라잡았다. 결국 나는 그녀에게 또 "공부 좀 열심히 해라."라고 혼냈고, 그녀는 주눅 든 체하며 내 장난을 받아주었다. 그녀의 도움으로 나는 A+를 받을 수 있었다.

그해 겨울에 결코 잊을 수 없는 전화 한 통이 걸려왔다.

"여보세요."

"내 고모부인데. 네 아버지 수면제 먹고 자살 시도했다."

"네?"

"네가 아들인데 내려와야지."

2인 1조로 진행되는 마지막 과제 한 개만 남은 상황이었다. 조별 과제를 끝내려고 모였는데, 갑자기 고모부에게서 전화가 온 것이다. 나는 조원에게 사정을 설명하며 정말 미안하다고 사과했다. 마음씨 착한 그분은 내 표정을 보고 집에 큰 일이 생겼음을 감지했는지, 고맙게도 여긴 신경 쓰지 말고 빨리 집에 가 보라고 말해 주었다. 나는 바로 서울역으로 달려갔다.

아빠는 계명대병원 응급실 침대에 누워 계셨다. 위세척을 하신 후 깊이 잠드신 상태였다. 아빠는 가끔씩 이렇게 자해를 하셨다. 어릴 때 한 번은 냉장고에 구멍이 뚫려 있어서 깜짝 놀란 적이 있었다. 나중에 알게 된 사실인데, 아버지는 냉동실에 구멍을 뚫고 자기 손을 넣고 있었다고 한다. 또 한 번은 아빠가 눈에 본드를 넣으셔서 응급실에 실려가신 적도 있다. 이런 아빠를 내가 책임져야 한다고 생각하니 가슴이 답답했다. 나는 아빠와 엄마 가운데에서 누구를 선택해야 할지 갈등했다. 내 마음은 서서히 저항이 더 작은 쪽으로 기울고 있었다.

학기 마지막 금요일이 되면 써니 어머니께서 직접 약학대학까지 오셔서 딸을 데려가셨다. 그래서 나는 자연스럽게 써니 어머니를 몇 번 뵌 적이 있었다. 써니 어머니는 나를 유심히 쳐다보셨다. 그럴 때마다 나는 장애 학생 도우미 모드로 전환하여 장애 학생인 써니에게 최고의 서비스를 제공하려 노력했다.

졸업 후 나는 써니가 보고 싶어 먼저 전화를 걸었다. 자가용이 생긴 나는 자신 있게 써니에게 주소를 달라고 했다. 그 당시 경제에 무지했던 나는 그 이질적인 동네에서 이상한 경험을 하게 된다. 써니가 사는 아파트는 압구정 갤러리아 백화점 바로 옆에 있는 아파트였다. 처음에는 갤러리아 백화점에 주차하려고 했는데, 백화점으로 들어가는 차량은 하나도 빠짐없이 고급 외제차였다. 나는 주눅 들어 감히 백화점 주차장으로 들어가지 못하고, 써니가 살고 있는 아파트에 주차했다.

그런데 거기에서도 국산차는 찾아보기 힘들었다. 그제서야 나는 써니 집이 부자라는 걸 알았다. 신기하게도 나는 그날 써니를 질투하지 않았다. 써니가 좋은 교육을 받고, 미국으로 유학 가서 생활할 수 있다는 사실에 감사했다. 현관에 써니가 어머니와 함께 내려왔을 때, 나는 1년 만에 만난 친구에게 반가움을 표시했다. 그날 저녁 우리는 맛있는 삼겹살을 먹으며 서로의 미래를 축복해 주었다.

5
민폐 끼쳐 죄송합니다

초등학생은 매 학년마다 장래 희망이 바뀌는 경우가 많다. 이제는 초등학생뿐만 아니라 대학생도 매년 장래 희망이 바뀌는 것 같다. 의학전문대학원, 치의학전문대학원, 법학전문대학원이 생기면서 대학교를 대학원이라는 종착역으로 가기 위한 환승역 정도로 여기는 대학생들이 점점 늘어나고 있다. 약대 재학 당시 동기생들 몇 명은 약사 면허증을 포기하고, 의대 또는 치의대에 진학했다. 전공 학과와 관계없이 의대 열풍은 이 시대를 대표하는 유행이 되었다.

쿰 라우디 포상을 받고 졸업한 동기생이 4학년 때 내게 이런 말을 했다.

"형, 혹시 MEET 준비하시는 거 아니죠?"

"MEET?"

"의학전문대학원 갈 때 치는 시험 있잖아요?"

"아니. 난 준비 안 하는데. 넌 지금 준비하고 있어?"

"네. 서울대 의대 가려구요. 그런데 형과 경쟁하기는 싫어서요."

"어. 걱정 마. 의대 갈 생각 없으니까."

물론 나도 의대 가고 싶다. 아니, 난 사실 3년 전에 집에서 가까운 의대에 합격했었다. 난 의대 못 간 게 아니라 안 간 거다. 너무 가난해서. 이렇게 그 동기생에게 속 시원하게 말해 주고 싶었다. 그러나 내가 그렇게 흰소리를 늘어놓은들 지금까지 과외 한 번 안 해 본 그 동기생이 공감해 줄 것 같지가 않았다. 졸업반이 되니 부모의 재력 또한 본인의 능력임을 인정하지 않을 수 없었다. '너는 베이스니까 휴학하면 안 돼.'라고 놀렸던 그 동기생에게 나는 입학 후 처음으로 패배감을 느꼈다.

잔잔한 호수 같았던 내 마음에 패배감이라는 돌멩이 하나가 떨어졌다. 바닥에 가라앉아 있던 욕망, 열등감, 피해의식, 불안감이 속에서 끓어올랐다. 내 마음은 순식간에 흙탕물이 되었다. 갈등의 늪에 빠진 나는 태어나 처음으로 로또 1등 당첨을 꿈꾸었다. 10억 정도의 돈이 생기면 나도 의학전문대학원에 들어갈 수 있지 않을까라고 생각했다. 돈이 아까워 5,000원짜리 로또 한 장도 사지 못하면서, 이상하게 나는 의대에 대한 집착을 오랜 기간 동안 버리지 못했다.

의대 진학을 위해 수강해야만 하는 필수 과목들이 있다. 물리, 화학, 생물, 확률 및 통계 같은 교양 과목들이다. 약대는 의대와 중복되는 교양 과목들이 많기 때문에 나는 '일반물리학 및 실험'과 '확률 및 통계' 단 두 과목만 수강하면 되었다. 내가 이 과목들을 수강할 수 있는 유일한 시간은 여름 계절학기밖에 없었다. 혹시 진짜 로또 1등이 될 수도 있으니, 나는 일단 간단한 보험 하나는 들어 놓기로 했다.

대구의 여름은 뜨겁기로 유명하다. 언제부턴가 사람들은 대구를 '대프리카'라고 부르기 시작했다. 나는 대구의 여름이 아무리 더워도 그럭저럭 견딜 만했다. 대구에 내려와 내 귀에 대구 사투리가 들리면 내 마음은 아무 이유 없이 편안해졌다. 대구는 대학 졸업 후 내가 반드시 돌아가야 할 도시라는 생각이 들었다. 그러다 그 도시 안에서 살고 있는 아빠와 엄마를 생각하면 내 마음은 다시 혼란스러워졌다. 이때 비로소 나는 '애증'이란 단어의 의미를 이해하게 되었다.

계명대 캠퍼스는 솔직히 우리 학교보다 더 예뻤다. 건물의 외관은 더 우아했고, 건물의 색깔은 더 고풍스러웠고, 건물의 배치는 더 여유로웠다. 내 마음이 서울에 있을 때보다 훨씬 더 편해져서 내 눈에 그렇게 보였을 수도 있다. 커피를 들고 길을 걸어가는 커플들, 그들의 표정, 길가에 심겨진 나무들, 예쁜 건물들은 캠퍼스에 낭만을 더해 주었다. 나 또한 여기에서만큼은 낭만을 즐길 수 있을 것 같았다.

왜냐하면 2004학년도 이후 타 대학에서 이수한 과목은 평점 평균에 산입되지 않기 때문이다. 그 말은 내가 성적 D를 받아도 내 평점에는 전혀 영향을 미치지 않는다는 얘기다. 부끄럽지만 나는 이 제도 때문에 계명대에서 두 과목을 듣기로 결정했다. 경쟁은 항상 내게 두려움이었다. 눈 뜨고도 코 베이는 서울에서 잠시나마 벗어나 정겨운 고향에서 자유를 만끽하고 싶었다. 물리 강의실에서 첫 출석 체크를 할 때 교수님은 나를 지목해 이런저런 질문을 하셨다.

"MEET 치려고 여기서 이 수업 듣는 거죠?"

"네. 방학이라 집에 내려온 김에 선행 과목들을 들어 놓으려고 합니다."

"그거 쉽지 않다고 들었는데. 학점도 좋아야 된다고 하고."

"저는 4점 넘어서 괜찮습니다."

"……흠흠. 이번 계절학기는 표준 점수를 산출해 성적을 매기겠습니다."

교수님은 타학교 학생인 내가 자기 학교에서 수업 듣는 것을 못마땅해하셨다. 교수님이 내 얼굴을 똑바로 쳐다보시며 약간 무시하는 말투로 학점 이야기를 하실 때 나도 참지 못하고 맞받아쳤다. 지혜롭지 못한 언행이었다. 교수님이 표준 점수 이야기를 꺼내실 때에야 나는 나라는 존재가 여기 학생들에게 민폐가 될 수 있음을 깨달았다.

계절학기 수업을 듣는 대부분의 학생은 4학년 재수강생이었다. 그들이 취업에 유리한 평점을 만들기 위해 사투를 벌이고 있는 전투 현장에 뜬금없는 외지인이 등장한 셈이다. 나는 미안한 마음이 들어 같은 실험 조원들에게 최대한 잘하려고 노력했다. 모든 실험마다 내가 계획하고, 준비하고, 분석하고, 보고서까지 작성했다. 모든 수업에 적극적으로 참여하고, 보고서까지 작성하니 공부가 저절로 되었다. 짧은 시간이었지만, 조원들과 나는 친해져 수업이 끝나면 같이 밥을 먹고 음료수를 마셨다.

통계 수업은 강의실이 가득 찰 정도로 수업생 수가 꽤 많았다. 언뜻 봐도 60명은 넘어 보였다. 이 학생들도 대부분 고학년 재수강생처럼 보였다. 통계 교수님도 첫 수업 때 이번 수업은 표준 점수를 산출해 성적을 매기겠다고 말씀하셨다. 물리 교수님과 달리 나를 온화한 표정으로 쳐다보시며, 친절한 표준어로 여러 질문들을 하셨다.

"거기 있다 여기 와서 수업 들으니까 어때요?"

"공부가 어려운 건 다 똑같죠. 근데 마음은 더 편합니다."

"통계라는 과목이 좀 어렵진 않나요?"

"네. 개념이 생소하긴 하네요."

"중간고사는 어떻게 출제될 것 같아요?"

"중간고사는 범위가 좁아 좀 어렵게 출제될 것 같습니다."

"그럼 기말고사는 어떻게 출제될 것 같아요?"

"기말고사는 내용이 더 어려운데다 범위까지 넓어 좀 쉽게 출제될 것 같습니다."

"아. 그걸 어떻게 알았죠?"

나는 수업 시간에 내게 다가와 생뚱맞은 질문을 하시는 교수님이 이상하면서도 귀엽다고 생각했다. 통계 교수님은 30대 정도로 젊고 키가 약간 큰 남자였다. 교수님은 아직 젊으셔서 그런지 호기심이 많고 에너지가 넘쳤다. 수업 시간의 분위기는 내내 밝았고, 학생들도 교수님께 보답하고자 그리고 A+을 받기 위해 더 열심히 공부하려는 모습을 보였다. 재수강생들의 간절한 마음은 내게도 전염되었다. 나는 수업이 끝나면 저녁까지 남아 복습을 마친 후에야 집에 돌아갔다.

통계학 중간고사 시험은 내 예상과 달리 쉽게 출제되었다. 시험 시간은 2시간, 문항 수는 기억나지 않지만 모두 주관식 문제였다. 시험지 앞에서 긴장한 나는 집중해서 문제를 30분 만에 다 풀었다. 종료 시간까지 1시간이 넘게 남았다. 난 빨리 집에 가고 싶은 마음에 답안지를 제출하고 퇴실했다. 내가 30분 만에 나가자 학생들은 시험 치다 말고 당황한 눈빛으로 날 주시했고, 교수님은 몹시 불편한 기색을 내비치셨다.

교수님은 다음 시간에 채점 결과를 알려 주셨다. 동시에 교수님은 다음부터는 모두 일찍 나가지 말고, 시험 종료 시간까지 기다리라고 말씀하셨다. 나를 표적 삼아 말씀하시는 것 같았다. 나는 아무리 교수님이 그렇게 말씀하셔도 1시간이나 되는 귀한 시간을 기다리며 낭비할 순

없다고 생각했다. 이런 내 마음을 분명 교수님도 눈치채셨을 것이다. 나는 불길한 예감이 들었다. 교수님이 날 2시간 동안 붙잡아 둘 수 있는 무시무시한 문제들을 출제하실 것만 같았다.

내 예상대로 통계학 기말고사는 최악의 난이도를 자랑했다. 10문제밖에 되지 않았지만, 나는 엉덩이를 들 수 없었다. 시험 시간 처음부터 끝까지 나는 긴장을 풀 수 없었다. 운 좋게 나는 모든 문제를 다 풀었지만, 끝까지 100점을 확신할 순 없었다. 이것이 교수님의 의도였다면, 나는 보기 좋게 당했고 교수님은 성공했다. 나는 답안지를 거둬갈 때까지 가장 어려운 문제와 씨름했다.

그런데 이 시험으로 인해 가장 고통받은 학생은 내가 아니라 다른 재수강생들이었다. 시험 시간 내내 여기저기서 "끄응, 끄응" 하는 신음 소리와 "하아, 하아" 하는 한숨 소리가 들려왔다. 원망 섞인 눈길로 나를 쳐다보는 학생들과 눈이 마주칠 때마다 내 마음속에서 또 미안함이 일어났다. 시험이 끝나고 교수님은 지금 이 자리에서 바로 채점을 하겠다고 말씀하시며, 몇몇 학생들에게 도움을 청했다.

내 점수는 100점이었다. 가장 어려웠던 문제를 살펴보니 비록 내 풀이 방법은 약간 달랐지만, 마지막에 도출되는 정답은 같았다. 나는 기분 좋은 짜릿함이 내 온몸에 흘렀다. 그러나 다른 학생들은 표정이 좋지 않았다. 교수님은 평균 점수가 20점이라고 말씀하셨다. 그제서야 내 마음은 다시 차분해졌다. 나는 그날 처음으로 계명대학교에서 계절학기를 수강하기로 한 내 결정을 후회했다. 내가 쓸데없이 욕심을 부려 이런 일이 일어났다. 서울대에서 이 수업들을 들었어야 했다. 나는 치사한 겁쟁이였다. 비록 두렵더라도 내 자리에서 맞서 싸워야만 했다. 난 약대에서도 충분히 잘해내지 않았던가.

모든 통계학 수업이 끝나자, 한 학생이 용기를 내어 나에게 질문했다.

"혹시 서울대 통계학과 4학년이세요?"

"아니요. 저 약대생입니다."

만약 그때로 다시 돌아갈 수 있다면, 이 한마디를 덧붙이고 싶다.

"민폐 끼쳐 정말 죄송합니다."

6
약사고시라는 마지막 관문

나는 4학년 2학기 마지막 기말고사까지 최선을 다해 공부했다. 그러나 예전처럼은 공부에 동기 부여가 되지 않았다. 집안 형편상 내가 가장이 되어 생계를 책임져야 했기 때문이다. 그렇게 대학교수나 과학자가 되고 싶다는 나의 꿈은 허망하게 사라졌다. 차갑게 식어 버린 나와 달리 다른 동기생들은 4학년이 되자 **활활** 불타올랐다. 그들은 대학원 진학을 위해 진지하게 관심 있는 분야를 공부하기 시작했다. 제약회사 취업을 원하는 학생들도 평점을 높이기 위해 더 열심히 공부했다. 이때부터 A+가 나올 거라는 내 예상은 번번이 빗나가기 시작했다.

졸업 요건인 150학점을 넘어 159학점을 이수했다. 끝나지 않을 것만 같던 여덟 번의 학기가 끝나고, 이제 졸업이라는 고지가 보이기 시작했다. 이제 남은 것은 단 하나, 약사고시뿐이었다. 나는 또다시 1학년 때처럼 좌절감을 느꼈다. 다른 동기생들 중에는 벌써 약사고시 준비가 끝난 친구도 있었다. 그리고 대부분 4학년 1학기부터 약사고시 준비를 시작했고, 늦어도 2학기부터는 다 시작한 걸로 알고 있다. 그런데 나는 시험일 40일 전까지 정말 하나도 준비하지 않았다.

당시 약사 면허 시험 합격률은 85% 정도였다. 서울대 약대는 더 낮아서 80%까지 내려가기도 했다. 서울대생이 공부를 더 못한다니 논리적으로 전혀 이해되지 않았다. 여기는 수재들만 모인 학교가 아닌가. 신입생 시절 들은 교수님의 말씀이 불현듯 떠올랐다.

"여러분들은 약사 면허증 딸 필요가 없습니다. 여러분들은 좁은 약국에 갇혀 일하기에는 너무나 아까운 인재들입니다. 여러분 모두 과학자가 되어 신약 개발에 이바지하면 좋겠습니다."

아마 다른 교수님들과 같은 생각이신 것 같았다. 서울대 약대는 약사 면허증 취득을 강조하지 않는 특이한 학교였다. 교수님들은 약사고시를 대비하기 위한 수업을 준비하시지 않았다. 거의 모든 교수님은 딱히 약사고시에 도움이 되지 않는 자신의 연구 분야에 관한 내용을 가르치셨다.

나는 발등에 불이 떨어졌다. '시험에 불합격하면 부끄러워서 어떡하지?'라는 걱정이 내 마음을 지배하기 시작했다. 그날 이후 하루하루가 악몽처럼 두려웠다. 시간이 지날수록 내 마음은 더 초조해졌다. 다행히 착한 동기생들은 모두가 합격할 수 있는 방법을 찾기 위해 다른 학교에 도움을 요청했다. 그 결과, 우리는 '약사고시를 위한 전국 약대 모임'이 있다는 것을 알게 되었고, 우리 과에서 가장 공부를 잘하는 에이스를 우리 학교 대표로 내보냈다. 에이스는 과연 우리를 실망시키지 않았다.

나는 각 과목의 요약집을 구해 외우고 또 외웠다. 기출문제를 풀고 또 풀었다. '대한약전'이란 과목은 무조건 암기해야 하는 과목이어서 굉장히 힘들었다. 약사고시를 준비하면서 전공 선택 과목인 대한약전을 수강하지 않은 것을 후회했다. 남은 시간은 40일뿐이었지만, 공부할 내용은 기말고사 40번은 능히 치고 남을 만큼 많았다. 나는 효율적으로 공부해야 했고, 짧은 자투리 시간이라도 소중하게 여겨야 했다.

나는 공부할 장소를 약대 독서실로 정했다. 약대 독서실에는 수십 명의 동기생이 있어 자료를 쉽게 구할 수 있는 장점이 있었다. 무조건 공부해야만 하고 또 무조건 합격해야만 하는 힘든 시기였기 때문에, 우리는 그 어느 때보다 서로를 의지하였다. 나는 매일 아침 6시 30분에 입실하고 밤 12시에 퇴실했다. 독서실에 가장 빨리 오는 사람도 나였고, 독서실에서 가장 늦게 나가는 사람도 나였다. 몇몇 학생은 내가 독서실에서 잔다고 생각했다.

아무리 공부해도 대한약전의 내용은 머리에 들어오지 않았다. 약품을 제조하고 보관하는 방법들, 약품으로 실험하고 약품의 특성을 측정하는 방법들은 너무 딱딱하고 형식적이어서 나는 공부하는 내내 거부감이 들었다. 한 과목이라도 40점 미만인 과목이 나오면 불합격인데, 나는 약전에서 40점 이상을 받을 자신이 없었다. 나는 우울해졌다. 공부할 수 있는 시간이 절대적으로 모자랐다. 나는 5분 정도의 시간이 걸리는 양치질을 하지 않기로 결정했다. 대신 나는 가그린을 사서 입안을 구석구석 헹구었다. 그것으로 나는 점심시간과 저녁시간에 각각 5분, 하루 10분이라는 시간을 더 만들어 낼 수 있었다. 한 달 정도 가글을 했으니 나는 총 300분, 즉 5시간을 더 공부한 셈이다.

시험 전날 도저히 잠을 이룰 수 없었다. 중앙도서관에 가서 앉아 있었지만, 집중하기가 힘들었다. 나는 중앙도서관 3층을 서성이며 돌아다녔다. 나와 같은 이유로 고통받고 있는 불쌍한 얼굴들이 몇몇 보였다. 대구 출신인 한 여동생이 시험장까지 같이 가자고 내게 연락했다. 택시를 타고 그 동생을 데리러 갔다. 어머니로 보이는 중년의 여사님이 그 동생과 함께 계셨다. 나도 시험 준비를 도와주는 가족이 있다는 기분을 한 번 느껴 보고 싶었다. 그 동생과 같이 택시를 타고 시험장으로 가는 내내 기분이 찝찝했다.

 그놈의 약전 때문에 악몽 같은 시험이었다. 나는 합격을 자신할 수 없어서 불안했다. 만약 내가 시험에 떨어지면 그동안 내가 공부 못 한다고 놀렸던 수많은 동기생이 나를 비웃을 것 같았다. 1년간 어디에도 취업하지 못하고, 혼자서 쓸쓸히 독서실만 다니게 될 나를 상상하자 미칠 것만 같았다. 나는 최대한 시험에 대해 생각하지 않기로 작정했다. 내게 모든 것을 잊을 수 있는 가장 좋은 방법은 친구를 만나 노는 것이었다. 나는 성이에게 전화를 걸었다.

 성이는 서울의 한 교회에서 알게 된 친구였다. 서울에서 정착할 교회를 찾아 헤매던 나는 동갑내기 친구이자 같은 경상도 출신인 성이에게 마음을 빼앗겨 버렸다. 성이는 수년째 공무원 시험을 준비하는 취준생이었다. 키도 크고 인물도 나쁘지 않았다. 성이의 가장 큰 매력은 착한 심성이었다. 정말 동화책에서나 볼 법한 착하고 순수한 마음을 지닌 친구였다.

한번은 내가 학기 초에 성이를 학교로 데려와 중앙도서관에서 같이 공부한 적도 있다. 도서관에 들어가자마자 성이는 두 눈이 휘둥그레졌다. 잠시 후 나는 수업을 들으러 갔고, 성이는 혼자 도서관에 남아 공무원 행정을 공부했다. 내가 다시 도서관으로 돌아왔을 때 성이는 굉장히 긴장한 모습으로 주위를 두리번거리고 있었다. 우리는 출출한 허기를 달래고자 바깥으로 나왔다.

"서울대 도서관에서 공부해 본 소감이 어때?"

"어…… 무서워서 죽는 줄 알았다."

"아니 공부하는 데 무서울 게 뭐 있노?"

"아…… 공부하는 분위기가 장난이 아니더라."

"그건 그래. 다들 한 번 앉으면 도무지 일어날 생각을 안 하니까."

"맞다. 나도 3시간 동안 둘러봤는데 아무도 안 일어나더라."

"하하하. 성아. 내가 볼 땐 너도 서울대생 같애. 너무 그러지 마."

 여긴 서울대생이 너무 많다고 호들갑 떠는 성이의 리액션 앞에서 나는 웃음을 참지 못하고 깔깔깔 웃었다. 나는 더 큰 리액션을 보고 싶은 욕심이 생겨서 사법고시를 준비하는 법대생 룸메이트 이야기를 해 주었다.

"내 기숙사 룸메이트가 03학번 법대생이거든."

"응. 법대생이면 진짜 공부 잘하겠네?"

"당연하지. 충청도에서 항상 열 손가락 안에 들었대."

"우와. 죽이네."

"자기는 수학 시험 시간에 항상 세 번씩 푼대. 그것도 각각의 다른 방법으로. 쉽게 말해, 한 번 풀고 두 번 검산하는 거지. 그러면 100점을 확신할 수 있대."

"미쳤다. 그게 뭔 말이고."

"그런데 걔가 하는 말이, 진짜 수능시험은 수학이 너무 어려워서 두 번밖에 풀지 못했대. 검산을 한 번밖에 못한 거지. 그래서 100점을 확신할 수 없었대."

"뭐라카노. 두 번이나 세 번이나 그게 그거지."

"맞제? 내가 딱 그 생각이다. 그해 인문계 수학 만점자가 0.08%밖에 없었는데, 금마 결국 100점 맞다 안 카나."

성이의 리액션은 순수한 감탄 그 자체였다. 나는 그 리액션이 다시 보고 싶어졌다. 그래서 성이가 내 전화를 받자마자 나는 만나자고 말했다.

"성아. 내다. 잘 있제? 함 보자."

"내 지금 원주다. 이사 왔다."

"원주? 거기가 어딘데?"

"강원도다."

"내 시험 끝났는데 함 놀러 가도 되나?"

"어. 온나. 근데 내 밤에는 편의점 알바해야 된다."

"괜찮다. 나도 같이 따라갈게."

나는 전화를 끊고 '원주'에 대해 검색했다. 부끄러운

고백이지만, 성이와 통화하기 전에는 원주라는 도시가 있는지도 몰랐었다. 원주는 강원도에 속해 있었지만, 서울에서 그리 멀지 않아 보였다. 며칠 후에 원주 중앙시장에서 성이와 만나기로 약속했다. 그 당시만 해도 원주 시외버스터미널은 언제 무너져도 이상하지 않을 만큼 낡고 허름한 건물이었다. 화장실은 좁았고 냄새가 지독했다. 나는 택시를 타자마자 시외버스터미널에 대한 재건축 계획이 있는지 여쭈어 보았다.

택시 기사님은 시외버스터미널 얘기를 듣자마자 버럭 화를 냈다. 기사님은 새로운 장소와 예산이 있는데, 그것들을 다른 용도로 사용하고 있다고 손님인 내게 계속 하소연하셨다. 나는 같이 안타까워했다. 토착 비리. 안타깝지만 이것이 원주에 대한 내 첫 기억이다. 그러나 나나 성이에게는 전혀 상관없는 그들만의 이야기였으므로 나는 더 이상 신경 쓰지 않기로 했다.

성이는 작은 동네 편의점에서 저녁 9시부터 아침 7시까지 야간 알바로 일하고 있었다. 성이가 낮과 밤이 바뀐 생활을 하고 있는 터라, 나는 약속 시간을 어떻게 정해야 할지 망설였다. 왠지 약속 시간도 낮과 밤을 바꾸면 쉽게 해결될 것 같았다. 그래서 우리는 약속 시간을 저녁 7시 정도로 잡았다. 버스 시간표를 알아보니 약속 시간보다 1시간 전에 도착할 것 같았다. 그때부터 나는 금쪽 같은 한 시간을 원주에서 어떻게 쓸지 궁리하기 시작했다.

약사고시가 끝나자 나는 종종 약사 구인 사이트에 들어가 정보를 모으고 있었다. 보통 약국에서 월급을 얼마나 주는지, 복지 환경은 어떤지, 근무 시간은 몇 시간인지, 요즘 어떤 약국에서 약사를 뽑고 있는지를 나는 살피고 또 살폈다. 원주 생각을 계속하던 나에게 한 가지 아이디어가 떠올랐다. 나는 무릎을 탁 쳤다. 누구에게나 다 그런 순간이 있지 않은가? 내가 생각해도 나는 천재인 것만 같은 순간 말이다.

나는 인터넷 포털에서 지도 창을 열어 약속 장소인 원주 중앙시장 부근의 약국을 찾아보았다. 그리고 약사 구인 사이트에 들어가 약사를 구하고 있는 원주의 약국들을 찬찬히 훑어보았다. 마침 약속 장소와 아주 가까운 위치에 있는 '산약국'에서 약사를 1명 채용 중이었다. 나는 바로 산약국으로 전화를 걸어 채용 면접을 신청했다. 나는 약속 장소에 도착하는 오후 6시에 약국장님을 만나 뵙기로 약속했다.

누군가와 일대일 혹은 일대다수로 이야기해야 하는 면접은 내 가장 큰 약점이었다. 나는 남들과 대화할 때면 늘 남들이 내 약점을 눈치챌까 조마조마했다. 그러다 보니 자연스럽게 나는 대화에 소극적이 되었고, 내 성격은 점점 더 내성적으로 변해 갔다. 이러한 내 단점을 극복하기 위해 나에게 필요한 것은 연습이었다. 그래서 나는 면접을 연습하기로 마음먹었던 것이다. 내 면접 연습 파트너는 산약국의 약국장님이 될 것이었다. 나는 마음속으로 제발 그분이 좋은 일을 많이 하시는 착한 약사님이었으면 좋겠다고 기도했다.

산약국은 생각보다 컸다. 나는 약국 안에 작은 사무실도 있어서 조금 놀랐다. 면접 장소인 그 사무실로 가면서 내가 마주친 직원 수만 해도 서너 명은 족히 되는 것 같았다. 강원도 원주에서 이렇게 큰 약국을 만나다니 전혀 예상치 못한 일이었다. 길눈이 어두운 나는 약국 맞은편에 큰 대학병원이 있는 줄도 모르고 있었다. 잠시 후 머리털을 빡빡 밀고 츄리닝을 입은 덩치 큰 남자 분이 사무실 안으로 들어오셨다. 영화 범죄도시에 나오는 마동석을 연상시키는 근육질과 큰 덩치를 가지신 분이셨다. 지금 생각해 보니 그분이 방문을 닫으실 때 나는 마치 진실의 방으로 들어온 듯한 인상을 받은 것 같다.

그분이 약국장이셨다. 나는 약국장은 자기 약국에서 츄리닝을 입고 다닐 수 있다는 단순한 진리를 그날 처음 깨닫게 되었다. 약국장님과의 면접은 내 면접 연습에 전혀 도움이 되지 않았다. 나는 그분의 기에 눌려 제대로 말을 할 수 없었다. 그렇지만 나는 그분의 얼굴을 보며 이상한 확신이 들었다. 바로 이분이 내가 어제 만나게 해달라고 하나님께 기도드렸던 그 좋은 약사님이라는 확신이 내게 강하게 들었다. 논리적으로 설명할 수 없는 직관적인 느낌이었다.

면접을 끝내고 나갈 때 약국장님은 차비로 내게 5만 원을 건네셨다. 면접의 성공 여부와 관계없이 그 5만 원으로 인해 나는 행복했다. 성이가 약국 밖에서 날 기다리고 있었다. 우리는 그 5만 원으로 닭갈비를 배부르게 먹고, 편의점에 일하러 갔다. 나는 밤을 새며 게임하거나 공부한 적이 많았기 때문에 편의점 야간 근무도 처음에는 쉽게 생각했다. 그러나 밤새도록 편의점을 지키는 일은 상상 이상으로 힘든 일이었다. 그날 이후 나는 지역 주민을 위해 밤새도록 편의점을 지키는 모든 근무자를 존경하게 되었다.

7
이걸 다 외우라고요?

합격 문자가 왔다. 당장 다음 주부터 출근하란다. 좋은 사람 밑에서 일해 보고 싶다는 욕심이 생겼다. 그리고 내 생존 본능이 대구에서 더 멀리 도망가야 한다고 말하고 있었다. 대구에는 내 인생을 가로막는 장애물인 아빠가 있다. 다시 대구로 돌아가는 것은 간신히 빠져나온 시궁창에 스스로 돌아가는 격이다. 나를 아는 사람이 한 명도 없는 강원도에서 새롭게 출발해 보고 싶었다.

나는 서둘러 약국과 가까운 곳에 있는 원룸을 계약하고, 짐을 옮겼다. 가족들과 친구들은 나의 특이한 결정에 아무런 토를 달지 않았다. 여기서 나는 이상하다고 생각했다. 서울대학교를 나와서 대기업에 입사하는 것도 아니고, 고향으로 돌아가는 것도 아니고, 강원도 산골로 떠나겠다는데 가족과 친구들은 내 결정을 존중해 주었다. 나의 마음을 알아주는 것 같아 감사했다.

산약국에 첫 출근하는 날을 지금도 잊지 못한다. 그날 원룸에서 약국까지 걸어간 골목길의 풍경, 저 멀리 약국의 간판이 보일 때 긴장감은 지금도 생생하다. 첫날부터 나는 출근하기 싫었다. 낯선 사람들과 만나서 관계 맺는 게 두려웠다. 분명 큰 실수를 저지를 것만 같았다. 그렇지만 취업은 모든 사람에게 주어진 언젠가는 부딪쳐 해결해야만 하는 과제라고 생각했기 때문에 피하지 않았다. 오히려 새로운 장소에서 새로운 일을 하며 과거의 가난하고 소심한 나의 이미지를 탈피할 수 있으리라 기대했다.

약국에는 직원이 많았다. 약국장님, 매니저 약사님, 근무 약사 1명, 조제 보조 직원 3명, 전산 직원 2명, 관리팀 3명 이렇게 모두 11명이나 약국 안에서 일하고 있었다. 바깥에서 보이는 직원의 두 배가 조제실 안쪽에 있다는 사실을 그날 처음 알았다. 약국에 들어서는 순간 모든 직원은 내게 "약사님"이라고 불러 주셨다. '약사님'이란 호칭은 4년간 힘들게 공부했던 내 노고를 다 잊게 만들어 주었다. 나의 인정 욕구를 채워 주는 그 호칭은 움츠려 있던 내 어깨를 펴 주었다. 기분이 좋아진 나는 만나는 직원마다 활짝 웃으며 인사했다.

매니저 약사는 내게 수습 기간에 대해 설명해 주었다. 수습 기간은 총 3개월이며, 매니저 약사가 필요하다고 여길 시 연장할 수 있었다. 수습 기간 급여는 정확히 기억하지 않는다. 정규직 급여의 80~90%를 받았던 것 같다.

그 대신 나는 수습 기간 동안 그 어떤 업무상의 책임도 지지 않았다. 매니저 약사는 나의 사수가 되어 나에게 약에 대한 지식 및 정보를 가르쳤으며, 약사로서 약을 조제하고 투약 및 복약 지도하는 법을 알려 주었다. 모든 직원은 매니저 약사의 카리스마 있는 리더십 아래 똘똘 뭉쳐 있었다. 그들은 수습 약사가 무슨 사고라도 치진 않는지 내 일거수일투족을 감시했으며, 특이사항을 매일 매니저 약사에게 보고했다.

약국장님은 첫인상처럼 참 좋은 사람인 것 같았다. 늘 운동복 차림으로 먼 거리를 걸어 출근하셨는데, 나를 볼 때마다 해맑은 표정으로 반갑게 맞아 주셨다. 약국장님은 늘 내게 먼저 다가와 힘들고 어려운 일은 없는지 체크하셨고, 이따금씩 썰렁한 아재 개그를 날려서 나의 긴장을 풀어 주셨다. 열흘 정도 시간이 흐르자 약국장님은 단둘이 있는 곳에서 내게 전혀 예상치 못한 고백을 하셨다.

"난 처음에 너를 뽑지 않으려고 생각했었어."

나는 선뜻 이해가 되지 않았다. 만약 내가 사장이라면

더 똑똑한 서울대생을 직원으로 채용할 것 같았다. 그게 아니라면 약국장님의 예리한 관찰력으로 나의 모난 성격을 파악했을 수도 있다고 나는 생각했다.

"여기 약사들은 다 강원대 출신들이거든. 이 친구들이 혹시 널 보고 주눅 들거나, 너에게 질투를 느낄까 봐 걱정했어. 네가 왕따당할 수도 있고."

나는 약국장님께 성이와 나의 관계에 대해 말해 주고 싶었지만 참았다. 성이는 내 앞에서 주눅 들지 않았다. 성이는 오히려 나와 함께 시간을 보내고 싶어 했고, 나를 좋아했다. 나는 약국장님의 걱정이 쓸데없는 기우라고 여겼다.

"에이, 설마 그런 일이 있겠어요? 다 똑같은 약사고, 그분들이 저보다 더 일 잘하고 능력 있으신 분들인데요. 저도 열심히 해서 한 사람분의 역할을 감당할 수 있도록 노력하겠습니다."

며칠 후면 대학교 졸업식이었다. 학과 사무실에서 내게 꼭 참석해 달라는 연락이 왔다. 졸업식에 참석하려면 휴가를 써야 했지만, 나는 수습 기간 중이어서 연차가 하나도 없었다. 졸업식에 꼭 참석하고 싶은 나로서는 굉장히 난처한 일이 아닐 수 없었다. 약국장님이 항상 내게 따뜻하게 대해 주셨기 때문에, 나는 용기 내어 말하기로 결심했다.

"조 약사님, 죄송하지만 제가 말씀드릴 게 있습니다."

"그게 뭔데?"

"사실 이번 주 금요일이 제 졸업식입니다. 졸업식에 참석해도 될까요?"

"아, 당연히 졸업식에 가야지. 축하해. 근데 졸업할 때 앞에서 무슨 상이라도 받아야지?"

"네. 저는 총장님이 주시는 최우등 졸업 포상과 학장님이 주시는 우수상을 받습니다."

조 약사님은 농담으로 졸업식 포상에 대해 말씀하신 건데, 나는 진지하게 맞받아쳤다. 조 약사님은 살짝 놀라신 표정을 지으신 뒤에 크게 소리 내어 웃으셨다.

"축하해. 정말 축하해. 오늘 졸업 축하 파티라도 열어야겠다."

"네?"

"얘들아 케이크 하나 사와라."

"……"

생일이 아닌 날에 케이크의 촛불을 분 건 그날이 처음이었다. 내가 일을 크게 키운 것 같아 당황스러웠지만, 모두가 진심으로 졸업을 축하해 주자 나는 행복을 느꼈다. 조 약사님은 직원들에게 내 졸업 포상을 자랑스럽게 공개했고, 직원들은 웅성웅성거리며 신기하다는 눈빛으로 날 쳐다봤다.

    오랜만에 학교에 가니 옛 추억이 새록새록 떠올랐다. 동기생들과 선후배들을 만나 반갑게 인사를 나누었다. 시간에 딱 맞춰 도착하니 졸업식장에 내가 앉을 자리가 없었다. 안면이 있는 교무 실장님이 내게 다가와 내 이름이 붙어 있는 지정석으로 날 인도해 주셨다. 교무 실장님은 내게 차석 졸업을 축하한다고 말씀하셨다. 나중에 알고 보니 수석과 차석의 평균 평점 차이가 0.003점밖에 되지 않았다. 아무 과목이나 한 단계만 더 높은 성적을 받았더라면 내가 수석 졸업생이 되었을 거란 생각을 하니 갑자기 아쉬움과 후회가 몰려왔다.

    '그때 실험 조교와 싸우지 말았어야 했는데.'

    '그 과목은 수강 취소했어야 했는데.'

    '장애학생 도우미는 2명인데 나 혼자 일을 거의 다 했어.'

나는 이를 통해 단 한 번의 선택과 실수가 전체에 영향을 미칠 수 있다는 것을 깨닫게 되었다. 만약 내가 수석으로 졸업했다면 난 더 교만해졌을 것이고, 더 허무해졌을 것이다. 교만과 허무감은 내가 세상으로 나아가 사람들과 관계 맺는 데 큰 장애물이 되었을 것이다. 하나님은 내가 세상으로 나아가기 전에 내게 겸손을 가르치셨다. 하나님은 각 사람에게 꼭 필요한 것을 공급하시고, 가장 선한 길로 인도하시는 분이시라는 것을 나는 지난 몇 년간 몸소 체험했다. 그래서 나는 이 겸손을 하나님께서 내게 주시는 교훈으로 받아들이고, 마음 깊숙한 곳에 새겨 넣었다. 차석 졸업도 내게는 매우 만족스럽고 훌륭한 업적이었다. 나는 최선을 다했고, 나의 끈질긴 노력은 결국 최우등 졸업이라는 포상으로 열매 맺었다. 어느새 내 마음속 후회는 하나님에 대한 감사함으로 바뀌었다.

학장님이 내 이름을 부르셨을 때 나는 자리에서 일어나 당당하게 앞으로 걸어 나갔다. 1학년 때 중도인생이라고 놀림 받았던 모든 서러움이 한순간에 씻겨 내려가는 것 같았다. 학장님이 내 목에 메달을 걸어 주실 때는 마치 세상을 다 얻은 것만 같은 기분이었고, 자신감 넘치는 표정으로 사진을 찍었다. 학장님이 한 번 더 내 이름을 부르셔서 단상 앞으로 올라갈 때에는 발바닥이 붕 떠서 공중에 떠 있는 것처럼 느껴졌다. 갑자기 모든 게 비현실적으로 인식되었다.

  나의 서울대학 생활기는 일장춘몽에 지나지 않았다. 월요일 아침이 되자 내 발은 예전처럼 다시 무거워졌다. 약국으로 가는 출근길은 결코 적응되지 않았다. 매일 약국에 출근하기 싫었고, 저 멀리서 약국 간판이 보이면 오늘은 제발 아무 일도 없기를 빌었다. 약국에서 나는 최대한 투명인간처럼 조용히 약의 위치, 모양, 성분, 특징을 메모했다. 나도 하루빨리 트레이닝 시험을 통과해 한 사람의 어엿한 약사가 되고 싶었다.

8
인생의 멘토가 나타났다

어느 날 조 약사님은 내게 프랭클린 플래너를 구입하라고 말씀하셨다. 처음 듣는 생소한 단어라서 나는 정확한 이름을 다시 여쭤보았다. 그러자 조 약사님은 나를 약국 컴퓨터 앞에 앉히시고, 몸소 인터넷 쇼핑까지 도와주셨다. 프랭클린 플래너는 여러 가지 버전이 있었는데, 나는 초보였기 때문에 스타터 팩을 선택했다. 그때까지만 해도 나는 약국장님이 이 다이어리를 사 주시고 싶어서 나를 의자에 앉히셨다고 생각했다. 조 약사님이 그 다이어리를 약국 업무에 꼭 필요한 도구라고 설명하셨기 때문이다. 그러나 그건 나만의 착각이었다.

조 약사님은 내 머릿속을 읽으시는지 이렇게 말씀하셨다.

"예전에는 내가 프랭클린 플래너를 직접 사서 근무 약사들에게 선물했었어. 그런데 자기 돈으로 안 사니까 귀한 줄 모르더라고. 있어도 사용을 하지 않는 거야. 그래서 너는 안 사 주기로 결정했어. 네 돈으로 사."

나는 약간 섭섭했다. 다른 사람들에게는 다 사 주시면서 왜 나한테만 유독 야박하게 구시는 건지 도무지 이해할 수 없었다. 나는 긍정적으로 생각하기로 마음을 바꿔먹었다. 조 약사님은 내가 모르는 여러 명의 사회초년생 약사들을 대상으로 일대일 트레이닝을 실시한 경험이 있는 것 같았다. 거기서 터득한 노하우 중 하나인 '프랭클린 플래너는 자기 돈으로 구입하는 게 더 효과가 좋다'를 내게 적용하셨다고 난 믿었다.

프랭클린 플래너는 내 평생 처음 보는 두껍고 복잡한 다이어리였다. 조 약사님에 따르면 비싼 가격 이상의 값어치가 있다는 이 다이어리를 나는 제대로 활용하지 못했다. 나는 단순하게 시간대별로 매일 해야 할 일을 계획하고, 시행 여부를 체크했다.

매일 아침 일어나 약 이름과 위치를 외웠다. 약의 이름을 보면 대강 효능이나 성분을 유추할 수 있었다. 다빈도 처방 의약품들은 약의 이름과 성분뿐만 아니라 약의 포장 단위, 약의 위치까지도 자연스럽게 외워졌다. 그러나 모든 약의 위치를 정확히 외우기란 보통 일이 아니었다. 약을 조제하기 위해서는 처방전에 적힌 약의 이름을 보고 약장에서 약을 바로 찾아와야 한다. 눈코 뜰 새 없이 바쁘고, 도와줄 사람 하나 없는 피크 타임에 약의 위치가 생각나지 않는다면, 굉장히 난감한 상황이 연출될 것이다. 어떻게 해야 약의 위치를 다 외울 수 있을지 나는 고민했다. 약의 위치는 혈압약, 당뇨약, 고지혈증약, 진통제, 안약, 연고, 냉장약 등의 카테고리로 분류되어 있을 뿐, 약 이름을 듣고 바로 찾을 수 있는 논리적 인과성은 약했다. 결국 나는 무식한 방법을 쓸 수밖에 없었다.

포스트잇을 사서 약의 이름을 하나하나 적었다. 그리고 출입문을 기준으로 원룸을 조제실로 상상하면서 벽면에다 약 이름이 적힌 포스트잇을 붙였다. 약포장 기계가 있는 곳에는 테이블을 놓고, 그 위에 계란판을 올려두었다. 30구 계란판을 약품 투입구라고 생각하고 30개의 알약을 각각의 구에 한 알씩 올려놓는 연습을 했다. 한 장씩 붙이다 보니 어느새 온 집안이 알록달록해졌다. 나는 아침과 저녁으로 약국 조제실을 상상하며 30분씩 집 안 구석구석을 돌아다녔다.

약국 근무가 끝나면 저녁 식사를 한 뒤 체육복으로 옷을 갈아입고 집 근처 초등학교에 가서 운동장을 달리거나, 팔굽혀펴기를 할 수 있는 만큼 했다. 나중에 같이 근무하는 박 약사님이 농구를 좋아한다는 사실을 알고, 농구 연습을 하기도 했다. 초등학생 자녀와 함께 나온 학부모들은 혼자서 이리저리 뛰어다니는 젊은이를 신기하게 쳐다보았다. 그중 한 분은 내게 어린 나이인데도 벌써 건강 관리한다며 날 칭찬해 주셨다. 퇴근 후의 운동은 하루 종일 사람들 눈치 보며 쌓인 스트레스를 어느 정도 풀어 주었고, 내 마음을 가볍게 해 주었다.

저녁 8시쯤부터 나는 매니저 약사님이 내 준 과제를 했다. 주로 약의 모양, 성분, 효능, 최대 용량, 부작용, 특이 사항에 대한 자료를 보기 편하게 정리하는 과제였다. 처음 몇 주는 공부할 분량이 많아서 새벽까지 책상 앞에 앉아 있었다. 모든 성분을 다 외워야 한다고 생각하니 불안해서 잠이 오지 않았다. 시간이 지나자 나는 모든 성분을 다 외울 수도 있고, 외울 필요도 없음을 깨달았다. 약에 대한 암기보다는 처방전에 그 약이 나온 이유가 더 중요했다. 기억하려고 애쓰지 않으니 하루 2시간 정도면 모든 과제를 끝낼 수 있었다.

입사한 지 한 달이 지나자 조 약사님은 내게 '일본전산 이야기'라고 적힌 빨간 책을 한 권 주셨다.

"자, 선물이다."

"감사합니다. 약사님."

"이 책 다 읽고 독후감 써 와. 한 쪽으로."

"……네. 알겠습니다."

조 약사님은 이 책을 통해 내게 태도의 중요성을 가르쳐 주셨다. 일본전산이 직원들에게 강조하는 세 가지 구호가 사회생활을 시작하는 내게 좋은 지침이 되었다.

1. 즉시 한다.
2. 반드시 한다.
3. 될 때까지 한다.

약국에서 한 달간 일해 본 결과 서울대 졸업과 일의 능률 사이에는 유의미한 상관성이 없었다. 약국 업무의 목표는 '대기 시간 10분 보장제'였다. 쉽게 말해 모든 고객이 처방전을 접수한 뒤 10분 이내에 조제된 약을 받으실 수 있는 시스템을 만드는 것이 산약국의 목표였다. 하루 수백 장의 처방전을 빠른 시간 내에 다 처리하기 위해서 가장 중요한 것은 팀워크였다. '대기 시간 10분 보장제'는 절대 혼자 해낼 수 있는 미션이 아니었다. 오직 전산팀, 테크니션팀, 약사팀이 한마음 한뜻으로 1) 즉시 하고, 2) 반드시 하고, 3) 될 때까지 해야만 성공 가능한 미션이었다.

나의 한 페이지 독후감을 받으신 조 약사님은 내게 두꺼운 책 한 권을 또 선물해 주셨다. 내 평생 그렇게 두꺼운 책은 한 번도 읽은 적이 없었다. 난 제목을 보는 순간 굉장히 유명한 책일 거라고 추측했다. 책의 제목은 『성공하는 사람들의 7가지 습관』이었고, 책의 저자는 스티븐 코비였다. 조 약사님은 이 책을 챕터별로 읽고, 또 보고서를 작성해 보라고 명령하셨다.

"이 책 굉장히 훌륭한 책이야. 읽어 보면 네 인생에 꼭 도움이 될 거야."

"네……. 감사합니다. 약사님."

"진짜야. 나도 이 책 읽고 많이 배웠다. 독후감 잘 쓰고."

"네…… 잘 부탁드립니다."

두꺼운 책을 처음부터 끝까지 다 읽는 것은 쉬운 일이 아니었다. 또한 나는 약국 업무를 익히고, 약을 공부하느라 책을 읽을 시간이 부족했다. 심지어 약국 매니저 약사에게 하도 혼이 나서 책을 쳐다볼 정신적 여유 따위가 전혀 없었다. 이런 나의 사정을 조 약사님은 다 아시고 계셨을 것이다. 그럼에도 불구하고 조 약사님은 이 책이 험한 세상에 첫발을 내딛은 나에게 꼭 필요한 책이라고 판단하셨기 때문에 『성공하는 사람들의 7가지 습관』이란 책을 내게 건네셨다. 『일본전산 이야기』에서 무조건적으로 보스의 명령에 충성하는 태도가 중요하다고 배웠기 때문에 책을 거부할 수가 없었고, 될 때까지 해야 한다고 배웠기 때문에 독후감을 쓰지 않을 수 없었.

일주일에 한 챕터씩 읽고 독후감을 제출했다. 두 달 이상 걸린 것 같다. 처음에 읽을 때는 내 식견이 짧아 코비가 말하고자 하는 핵심을 읽어내지 못했다. 이 책은 그저 수많은 자기계발서 중에 한 권, 그리고 수습 기간에 주어지는 여러 가지 과제 중 하나에 불과하다고 생각했다. 게다가 어려운 환경 속에서 수능 공부와 대학 공부를 성공적으로 마친 경험은 나를 교만하게 만들었다.

그러나 『성공하는 사람들의 7가지 습관』은 여러 번 읽으면 읽을수록 그 뜻이 새롭게 다가오는 인생 교과서 같은 책이었다. 내 마음이 초심을 잃고 방황할 때, 예기치 못한 위기를 만나 두려울 때, 내게 주어진 시간을 효율적으로 사용하지 못할 때마다 나는 책장으로 가 이 책을 꺼내 들었다. 그럴 때마다 코비는 내게 질문했고, 나는 코비의 질문에 솔직하게 답했다. 코비는 내면의 근본적인 변화와 함께 구체적인 실천을 내게 요구했다. 솔직히 말해 나는 코비의 말을 듣고 이해하지 못할 때가 더 많았다. 그래도 코비의 가르침 중 내게 꼭 필요하다고 깨달은 부분에 대해서는 반드시 하고, 될 때까지 하려고 최선을 다했다. 눈물로 씨를 뿌리면 언젠가 기쁨으로 열매를 수확하리라 믿었다.

9

세 가지 습관이 내 인생을 바꿨다

조 약사님으로부터 『성공하는 사람들의 7가지 습관』에 대해 배웠지만 내 식견이 짧아 다 이해하지 못했다. 나는 일곱 가지 습관 중에 세 가지라도 코비가 말한 대로 내 삶에 적용하려고 애썼다. 코비의 말에 따르면, 습관을 내 몸에 장착시키기 전에 내가 먼저 해야 할 일이 있었다. 그것은 습관을 닮는 그릇인 내적 성품을 함양하는 일이었다. 신뢰할 만한 내적 성품을 갖추지 못한 사람은 사람을 설득할 수 없기 때문이다. 설득력 있는 의사 전달에 가장 중요한 요소는 겉만 화려한 언변이 아니라 언행일치의 진정성이다.

물론 씨를 뿌리지 않고도 과일을 수확하는 방법도 있다. 다른 사람이 심은 나무의 열매를 수확하는 것이다. 그러나 내 것이 아닌 다른 사람의 열매로 다른 사람들을 설득하기는 힘들다. 사람들은 본인만의 고유한 스토리를 듣고 싶어한다. 스토리는 사람들의 마음을 열며, 신뢰할 수 있는 관계를 쌓아 올릴 토대를 제공한다. 스토리가 나무의 열매라면 씨는 패러다임이다. 패러다임은 쉽게 말해 세상을 바라보는 관점이다. 특히 『성공하는 사람들의 7가지 습관』은 코비가 성공을 보장하는 좋은 씨앗이자 패러다임이다. 만약 코비의 말이 사실이라면 누구든지 척박한 땅을 갈아엎고 7가지 씨앗을 심을 때 '성공'이라는 매력적인 열매를 수확할 것이다.

    나는 코비의 말을 믿어 보기로 결정했다. 돈을 많이 벌고 싶어서가 아니라 자립하고 싶었기 때문이다. 부끄럽지만 스물여덟 살의 나는 공부하는 법만 알았지 홀로 험한 세상을 살아가는 법에는 무지했다. 그 당시의 나는 스스로 나이가 많다고 생각했다. 무엇인가를 시작하기에는 너무 늦었다고 생각했다. 그래서 최대한 빨리 정서적, 지적, 경제적으로 자립할 수 있는 지름길을 찾고 싶었다. 그러나 성숙한 어른이 되는데 지름길 따위는 존재하지 않았다. 어린 나무가 아름드리나무로 자랄 때 한 해 한 해의 성장 과정이 축적되어 더 큰 원의 나이테를 그려 나가는 것처럼, 나 또한 자립할 수 있는 어른으로 성장하기 위해 다음 단계의 과정을 거쳐야만 했다.

    아인슈타인은 이렇게 말했다.

> "우리가 직면한 중대한 문제들은 그 문제들이 발생한 때 갖고 있던 사고방식으로는 해결할 수 없다."

가장 먼저 나는 나의 패러다임부터 바꿔야만 했다. 세상을 바라보는 나의 사고방식이 바뀌면 나의 태도가 바뀌고, 나의 태도가 바뀌면 나의 행동이 바뀌고, 나의 행동이 바뀌면 내 인생 스토리도 바뀌게 될 것이다.

가장 먼저 바꿔야만 하는 나의 사고방식은 무엇이었을까? 첫째로, 나의 사고방식은 수동적이었다. 나는 내 인생의 주도권을 아버지에게 내주었다. 나는 끊임없이 아버지 때문에 고통받았다. 아버지는 주기적으로 자해, 도박, 사기, 대출 같은 큰 사고를 쳤다. 아버지는 자신의 행위에 대한 대가를 치를 능력이 전혀 없었다. 사고뭉치 아들을 홀로 감당하시던 할머니는 이제 연세도 많으시고, 몸도 편찮으셨기 때문에 그 대가는 이제 아들인 내가 온전히 치러야만 했다. 아버지와 엮인 내 인생에 비전은 없다고 스스로 판단했다. 내가 대학 졸업 후 도망치듯 서둘러 원주에 정착한 이유도 사실 이런 나의 사고방식 때문이었다.

둘째로, 나의 사고방식은 비관적이었다. 나는 결코 결혼할 수 없다고 생각했다. 우리 집은 정말 찢어질 정도로 가난했다. 또한 연세가 많으신 할머니는 편찮으셨고, 아버지는 조현병 환자였기 때문에 돈을 모을 수 있는 상황도 아니었다. 아무리 내가 근면 성실하게 돈을 벌어도 결국에는 밑 빠진 독에 물붓기가 될 것 같았다. 이런 나의 비참한 상황을 그 어떤 여자도 이해할 수 없을 것이라고 스스로 단정했다. 그리고 나는 무엇보다 내 아내가 될 사람에게 내 아버지 같은 시아버지를 모시는 부담감을 절대 주고 싶지 않았다.

셋째로, 나의 사고방식은 근시안적이었다. 졸업 후 나의 현실이 졸업 전과 크게 달라진 것 없는 시궁창인 것을 깨닫고 나는 좌절했다. 재학 시절 나는 서울대만 졸업하면 내 미래에 뻥 뚫린 고속도로 같은 길이 깔리고, 고속도로 양옆에는 꽃들이 활짝 필 것이라고 기대했다. 그러나 웬걸. 내 손에 대학 졸업장과 약사 면허증만 들려 있을 뿐, 내 미래는 여전히 험한 비포장도로였다. 나는 앞으로 어떻게 이 비포장도로를 헤쳐 나가야 할지 도무지 갈피를 잡지 못했다. 그냥 모든 것을 포기하고 싶은 생각만 자꾸 들었다.

나는 황금알을 낳는 거위 이야기가 생각났다. 농장 주인은 거위가 황금알을 최대한 많이 생산할 수 있도록 거위를 돌보아야만 했다. 그러나 농장 주인은 생산 능력을 가진 거위가 아니라 생산물인 황금알에 집중했다. 시간이 지날수록 농장 주인은 황금알에 점점 집착하게 되었다. 농장 주인은 한 번에 많은 황금알을 가지고 싶은 욕심이 생겼다. 그러나 이를 이룰 방법이 없자 그의 기쁨은 곧 걱정과 근심으로 바뀌었다. 결국 농장 주인은 거위를 죽여 뱃속에 있는 황금알을 한꺼번에 꺼내기로 결정했다. 농장 주인은 거위를 죽였다. 농장 주인의 예상과 달리 거위 뱃속에는 황금알이 없었다. 그리고 그의 농장은 다음 날부터 황금알을 생산하지 못했다. 생산 능력을 가진 거위가 사라졌기 때문이다.

약학대학 졸업 후 내 모습은 거위를 죽인 어리석은 농장 주인의 모습과 많이 닮아 있었다. 나에게는 황금알을 매일 생산할 수 있는 거위가 한 마리 있었는데, 그 거위의 이름은 약사였다. 나의 거위는 태어난 지 얼마 안 된 아기 거위였다. 이 거위를 잘 먹이고 잘 키우면 더 크고 더 많은 황금알을 가지게 될 터였다. 그러나 나는 욕심이 났다. 내 마음은 자꾸 조급해졌다. 나는 오직 황금알에만 초점을 맞추고 있었다. 대학교를 다닐 때는 몰랐었는데,

막상 대학을 졸업하자 내가 대학교를 황금알을 얻기 위한 수단으로 생각했었다는 사실을 깨달았다. 내 앞에 당장 황금알이 놓여 있지 않음에 화가 났다. 내 황금알보다 친구들의 황금알이 더 커 보였다. 내 마음은 시기, 질투, 분노, 걱정, 두려움으로 채워져 갔다.

불안하고 조급한 마음은 어리석은 선택을 하게 만든다. 나는 농장 주인처럼 거위의 배를 갈라 황금알을 모조리 꺼내 빨리 부자가 되고 싶었다. 최대한 빨리 약사 트레이닝을 마치고 100% 급여를 받고, 능력 있는 약사로 성장하여 매니저 약사로 승진하고 싶었다. 그러나 수습기간이 끝나는 시점도, 승진도 내가 결정할 수 있는 일이 아니었다. 이 일들의 주도권은 매니저 약사님과 약국장님께 있었다. 내가 황금알에 욕심을 내면 낼수록 내 인생의 주도권을 그들에게 빼앗길 것이다. 주도권을 빼앗긴 나는 매일 노심초사하며 그들에게 높은 점수를 받기 위해 동료들과 경쟁할 것이다. 결국 내 마음은 피폐해지고, 나의 자존감은 무너질 것이다. 날마다 더 많은 황금알을 요구받는 나의 소중한 거위는 감당할 수 없는 스트레스 속에서 스스로를 자책하며 서서히 죽어 갈 것이다.

지금까지 나는 나를 무가치하게 여기고, 가족을 원망하고, 세상을 두려워했다. 조 약사님은 이런 나의 마음을 읽으신 것일까? 아니면 약국에서 매년 새내기 약사들을 만나 그들과 관계를 맺고, 업무를 가르치시면서 자연스럽게 터득한 교육법일까? 그 이유가 어찌 되었든 『성공하는 사람들의 7가지 습관』이라는 책은 그 당시 나의 어린 사고방식을 깨뜨리고, 나로 하여금 어른으로 성장할 수 있는 디딤돌이 되어 주었다. 책을 읽으면서 나는 내가 세상을 바라보는 프레임이 잘못되어 있음을 깨달았다. 코비의 가르침은 나로 하여금 수동적이고, 비관적이고, 근시안적인 사고방식으로부터 해방시켜 주었다.

코비가 제안한 7가지 습관은 다음과 같다.

습관 1. 자신의 삶을 주도하라.
습관 2. 끝을 생각하며 시작하라.
습관 3. 소중한 것을 먼저 하라.
습관 4. 승-승을 생각하라.
습관 5. 먼저 이해하고 다음에 이해시켜라.
습관 6. 시너지를 내라.

습관 7. 끊임없이 쇄신하라.

코비는 습관 1~3을 통해 긍정적이고 생산적인 내면의 변화를 강조했고, 습관 4~6을 통해 시너지 효과를 내는 관계 형성의 필요성을 설명했다. 마지막으로 습관 7에서는 앞에서 말한 모든 습관들을 평생 동안 쇄신할 것을 독자들에게 권면했다. 나는 습관 1~3을 초급 과정으로 그리고 습관 4~6을 고급 과정 또는 관리자용으로 보았다. 그래서 나는 모든 사람이 꼭 갖추어야 할 습관 1~3을 내 것으로 만들고자 결심했다.

습관 1. 자신의 삶을 주도하라.

우선 나는 수동적인 인생에서 벗어나 주도적인 인생을 살고 싶었다. 그러기 위해서 나는 가난하고 비정상적인 가정환경을 나의 일부로 받아들여야만 했다. 나는 알코올중독에다 사고뭉치인 아버지를 더 이상 원망하지 않기로 했다. 한 번에 아버지를 향한 내 인식이 바뀔 수는 없겠지만, 나는 아버지를 조현병 환자로 대하려고 노력했다. 내가 할 수 있는 일에 최선을 다함으로 나의 상황을 조금씩 더 개선시키는 데 삶의 중점을 두었다. 아버지가 문제를 일으킬지라도 아들인 내가 책임지고 부양하는 게 아들 된 도리라고 생각했다.

나는 태어날 때부터 내 의도와 상관없이 수많은 문제들을 직면해야만 했다. 신혼 시절 아버지는 월급을 받으면 그날 술집에 가서 다 써버리셨다. 아버지와 어머니는 다투셨고, 결국 어머니는 집을 떠나셨다. 어린이집에 다닐 나이부터 나는 할머니와 단둘이 살게 되었다. 아버지가 집에 계신 날이면 난 공포에 떨었다. 아버지의 레이더에 하나라도 걸리면 나는 혼나고 매 맞았다. 어른이 되어서도 나는 언제 아버지로부터 공격이 쏟아질까 걱정하며 가슴 조마조마한 하루하루를 보내야만 했다. 내 평생에 문제가 없는 날은 단 하루도 없었다.

스스로에게 "왜 하필 나에게 이런 문제가 생긴 걸까?"라고 질문할 때마다 나는 그럴듯한 정답을 찾을 수 없었다. 이 난제를 풀기 위해 몰입하면 할수록 나는 상처받았고, 주위 사람들을 원망하게 되었다. 그래서 나는 질문을 바꾸기로 했다. "선하신 하나님께서 나에게 이런 문제를 주신 이유는 무엇일까?" 이 질문에 대한 답은 오직 하나님만이 알고 계신다. 하나님은 선하신 분이시기 때문에 내 인생 속에서 내가 정답을 찾을 수 있도록 나를 도와주실 것이다. 이 문제에 대한 답을 깨닫게 되었을 때, 나는 하나님께 원망이 아니라 감사하게 될 것이다.

기독교인인 나는 성경 말씀에 근거해 이렇게 믿기 시작했다. 나는 문제 그 자체에 매몰되지 않고 문제보다 더 크신 하나님을 바라보려고 노력했다. 거짓말같이 내 마음의 고통이 수그러들기 시작했다. 이를 통해 나는 고통이란 사건 그 자체에서 오는 것이 아니라 사건에 대한 반응 방식 때문에 발생하는 것임을 깨달았다. 나는 매일 아침 말씀 묵상 시간에 사건에 바로 반응하지 않는 연습, 하나님 보시기에 가치 있는 일이 무엇인지 분별하는 연습을 했다. 시간이 지나자 자연스럽게 아버지를 위해 나 자신을 희생하겠다는 결단을 하게 되었다.

내 인생은 이제 더 이상 아버지에게 끌려다니는 수동적인 인생이 아니었다. 나는 다시 태어나도 아버지의 아들로 태어날 것이라고 다짐했다. 나에게 주어진 모든 문제들조차도 나의 선택으로 이루어진 나의 인생임을 받아들였다. 나는 완전하진 않지만 주도적으로 그 문제들까지 포용하고 사랑하게 되었다. 이제 모든 책임은 나 자신에게 있었다. 이 상황을 하나님께서 기뻐하실 만한 상황으로 바꾸기 위해 나는 내가 할 수 있는 일을 찾았고, 어떤 대가를 치르더라도 그 일을 실천했다.

습관 2. 끝을 생각하며 시작하라.

코비가 내게 가르쳐 준 두 번째 습관은 "끝을 생각하며 시작하라"이다. 나는 '끝'이라는 단어를 보자마자 죽음을 떠올렸다. 끝을 죽음이라는 단어로 바꾸면 이렇게 다시 말할 수 있다. "죽음을 생각하며 시작하라." 죽음은 인생 모든 것들의 종착점이다. 죽음 앞에서는 모든 인간이 그토록 탐하는 돈, 명예, 권력도 빛을 잃고 만다. 그러나 죽음 앞에서도 온전히 빛나는 무엇이 있다면, 나는 그 보석을 위해 생애를 걸어도 결코 후회하지 않을 것이다. 문제는 내가 그 보석을 찾지 못했다는 데 있다. 아니, 나는 내게 좋은 것들을 찾고 싶은 의지도 없었다.

나는 어릴 때부터 "60살이 되면 죽어야지"라고 생각했다. 이제 보니 20년도 채 남지 않았네. 30년 전에 내가 했던 그 말을 취소한다. 퉤퉤퉤. 어릴 때에는 삶이 즐겁지 않았다. 하루하루 마지못해 사는 인생 같았다. 그렇다고 미래가 밝아 보이지도 않았다. 내겐 소망도 희망도 없었다. 초등학교 고학년의 머리로는 아무리 생각해도 노답 인생이었다. 그래서 "죽을 때 되면 얼른 죽어야지"라고 생각했던 것 같다.

어릴 적 내가 그토록 죽음에 대한 두려움이 없었던 이유는 가까운 가족의 죽음은 물론 애완동물의 죽음도 경험한 적이 없기 때문이었다. 내가 유일하게 슬퍼한 죽음은 게임 속 캐릭터의 죽음이었다. 그러나 게임 캐릭터는 100원만 넣으면 다시 살아났다. 어쩌면 나는 게임 속에서 매일 반복되는 생과 사에 익숙해져 버린 건지도 모른다.

그렇다고 내가 현실 속에서 아무런 경험을 하지 못했다는 얘기는 아니다. 나는 죽음 대신 헤어짐을 경험했다. 엄마와 헤어졌고, 아빠와 헤어졌고, 새엄마들과 헤어졌고, 이복동생들과 헤어졌다. 서울에 올라온 뒤로 할머니와도 헤어졌다. 나는 사람들과 헤어질 때마다 가슴이 무너지는 큰 상실감을 느꼈고, 그 상실감은 마음속에서 그들이 죽은 것 같은 느낌이었다.

가족들과 헤어지는 경험은 어릴 적 나에게 다시는 기억

하고 싶지 않은 아픔이었을 것이다. 그 뒤로 나는 사람들과 관계 맺는 것을 두려워하게 된 것 같다. 언제 찾아올지 모르는 이별이 아마 두려웠으리라. 나는 사람들을 알게 되고, 그들과 친분을 쌓을 때마다 무의식적으로 이별을 대비했다. 이별을 대비하는 방법은 이별 시에 속상하지 않도록 깊은 관계를 맺지 않는 것이다. 나는 사랑하는 사람들로부터 상처받은 기억 때문에 사람들을 마음껏 사랑하지 못하고 있었다. 언젠가 관계가 끝나면 서로가 서로에게 마치 죽은 사람처럼 되는 것이 싫었기 때문이다.

나는 사람들과 관계를 시작하는 방법은 알고 있었다. 그러나 나는 우정을 지속하는 방법과 관계를 끝맺는 방법에 대해서는 무지했다. 나는 점차 서로 상처를 주지도 받지도 않는 일만 찾게 되었고, 주변 사람들과는 피상적인 관계 수준을 유지하려고 노력했다. 나는 확실히 '인간관계'가 아니라 '혼자 할 수 있는 일'에 집중하는 것이 훨씬 편했다. 인간관계가 길어질수록 내게는 감당할 수 없는 불안감이 엄습했기 때문이다. 되돌아보면, 수능 공부도 관계가 아니라 일이었다. 나는 대학 생활도 관계가 아니라 일로 여겼다. 그동안 나는 사람들과 거리를 두고

3~6개월 동안 일에만 몰두하면 끝낼 수 있는 프로젝트만 골라 시작했던 셈이다.

나는 '시작'이 인생에서 가장 중요하며, '시작이 반이다'라고 스스로를 설득하였다. 자기합리화 패치 다운로드가 끝난 뒤 나는 탁구, 볼링 같은 운동들을 동호회에서 배우기 시작했다. 그 당시 나는 무슨 운동이든 마음먹고 몇 개월만 열심히 연습하면 눈에 띄게 성장할 것이라고 예상했다. 그러나 그것은 나의 완전한 오판이었다. 가뜩이나 운동 신경이 둔한 나는 아무리 연습해도 실력이 잘 늘지 않았다. 매일 반복되는 기본기 훈련은 언제나 지루했고, 난 그 지루함을 이기지 못해 도중 하차했다. 나는 볼링장 사물함에 나의 새 볼링화를 두고 나왔지만, 차마 부끄러워 그 신발을 되찾지 못했다. 나는 이 경험을 통해 끝을 생각하지 않는 성급한 시작은 투자 대비 아무 성과도 내지 못하는 부끄러운 중도 포기로 끝날 수 있음을 깨달았다.

코비는 내게 이렇게 질문했다.

"장례식장에서 사람들이 당신을 어떻게 기억하길 원해요?"

"장례식장에 어떤 사람들이 오길 원해요?"

이팔청춘이었던 나는 그때 처음으로 나의 죽음을 상상해 보았다. 나는 내가 결혼을 하지 못할 것이라 판단했다. 나의 가정환경을 다 이해하고 받아줄 여자가 이 세상에 존재하리라고는 생각하지 못했다. 나는 평생 혼자 살면서 생활비를 벌기 위해 약국에서 일하고, 영혼의 평화를 위해 교회에 다니는 삶을 살게 될 거라고 예상했다. 결국 나의 죽음은 외롭고 비참한 고독사가 될 것만 같았다.

코비는 질문 하나를 추가했다.

"사명 선언문을 써 보셨나요? 사명 선언문을 쓰는 순간 인생이 바뀐답니다."

나는 처음으로 사명 선언문을 썼다. 첫째, 하나님께 순종하는 그리스도인이 되는 것. 둘째, 빠르고 정확하게 약을 조제하고 투약하는 약사가 되는 것. 셋째, 지혜로운 사람이 되는 것을 나의 사명으로 삼았다. 그러나 나는 이 사명을 이루기에는 너무 어리석고 부족한 사람 같았다.

롤모델은 조 약사님이었다. 나는 조 약사님처럼 지혜로운 사람이 되고 싶었다. 인생, 약, 성경에 대해 누가 무슨 질문을 해도 지혜롭게 대답할 수 있는 현자가 되고 싶었다. 목표 달성 시점은 조 약사님의 나이보다 조금 더 많은 50살로 잡았다. 조 약사님처럼 많은 책을 읽고, 사색하고, 글을 쓰려면 최소 20년은 필요할 것 같았다. 내 인생 처음으로 끝을 생각하며 시작한 20년짜리 장기 프로젝트였다.

습관 3. 소중한 것을 먼저 하라.

코비가 말한 『성공하는 사람들의 7가지 습관』 중 최고봉은 단연코 습관 3이라고 말할 수 있다. 습관 3은 우선순위와 관련된 습관인데 크게 두 가지로 나눌 수 있다. 바로 삶의 우선순위를 세우는 습관, 우선순위가 더 높은 일에 시간을 투자하는 습관이다. 습관 3은 사명을 이루기 위해 반드시 체득해야 할 라이프스타일이다.

흔히 우선순위라고 말하면 긴급한 일이라고 생각하기 쉽다. 나 또한 그랬다. 나는 학창 시절 시험을 칠 때마다 벼락치기 공부를 했다. 평소에 준비하지 않았기 때문에 발등에 불이 떨어진 나는 독서실에서 밤새도록 내일 시험을 칠 과목을 공부해야만 했다. 가장 긴급한 시험공부 때문에 다른 중요한 일은 아무것도 하지 못했다. 예를 들어, 미국에서 친척이 한국에 놀러 왔을 때에도 나는 시험공부를 하느라 그 친척을 만나지 못했다. 그때 만약 내 삶에 습관 3이 장착되어 있었더라면 나는 시험공부 대신 그 친척을 만나 소중한 추억을 만들었을 것이다.

코비는 일의 긴급성과 중요성을 기준으로 일을 사분면으로 나누었다. 간략히 설명하면 다음과 같다.

1사분면) 긴급함 + 중요함
- 위기
- 급박한 문제
- 기간이 정해진 프로젝트

2사분면) 긴급하지 않음 + 중요함
- 예방, 생산 능력 계발
- 인간관계 구축
- 새로운 기회 발굴
- 운동
- 중장기 계획, 오락

3사분면) 긴급함 + 중요하지 않음
- 작업의 흐름을 방해하는 사소한 일들
- 일부 전화, 우편물, 보고서
- 일부 회의
- 눈앞의 급박한 상황
- 인기 있는 활동

4사분면) 긴급하지 않음 + 중요하지 않음
- 바쁜 일, 하찮은 일
- 일부 우편물
- 일부 전화
- 시간 낭비거리
- 즐거운 활동

일반적으로 우리에게 가장 소중한 일들은 2사분면 안에 들어 있다. 예를 들어, 가족 간의 사랑 표현은 모든 사람들에게 그 무엇과도 바꿀 수 없는 가장 소중한 일이다. 그러나 대부분의 사람들은 이를 긴급한 문제로는 인식하지 않는다. 여기서 문제가 발생한다. 긴급하지 않기 때문에 나중으로 미루는 사람들이 생겨나고, 이들은 좀처럼 사랑을 표현하지 않기 때문에 서로에게 점점 무관심해진다. 반면에 긴급하지 않지만 소중한 일이기 때문에 따로 시간을 내어 식당을 예약하고 선물을 준비하는 사람들도 있다. 이들은 정기적으로 가족들과 시간을 보내고 사랑을 표현하기 때문에 가정이 화목해진다.

이처럼 2사분면을 어떻게 관리하느냐에 따라 우리 삶의 질은 달라질 것이다. 코비는 2사분면이 가장 효과적인 자기 관리의 심장부라고 강조했다. 2사분면에는 긴급하지는 않지만 중요한 일들이 모여 있다. 사명을 이루기 위해 중요하지만, 아직 시간적 여유가 남아 있기 때문에 자칫하면 소홀할 수도 있는 일들을 총칭해서 2사분면이라고 표현하겠다. 2사분면에 집중하는 사람은 사명을 이루기 위해 멀리 내다볼 줄 아는 사람이다. 우리는 2사분면에 집중 투자함으로써 기존의 생산 능력을 계발하고, 리스크를 관리하며, 새로운 기회를 창출할 수 있다.

조 약사님은 내게 2사분면이 가장 중요하다고 말씀하셨다. 그리고 당장 성과가 보이지는 않지만 가치 있는 일에 꾸준히 투자한다면 네 인생은 지금과 180도 달라질 것이라고 말씀하셨다. 나는 적용에 앞서 롤모델이신 조 약사님은 어떻게 2사분면에 투자하고 계신지 분석해 보앉다. 그 시절 나는 최대한 조 약사님과 비슷한 사람이 되고 싶어 했기 때문이다. 나와 조 약사님은 직장과 교회가 동일했기 때문에 거의 매일 마주칠 수밖에 없었는데, 나는 조 약사님의 모든 언행을 유심히 관찰했고, 따라 하려고 노력했다. 조 약사님의 2사분면에 담긴 일들은 다음과 같았다.

- **성경 묵상** (그에게 성경은 길을 비추는 등불이었다)
- **기도** (매일 새벽, 아침, 저녁으로 골방에서 기도하셨다)
- **달리기** (마라톤 풀코스 3시간대 완주에 성공하셨다)
- **인문 교양서 읽기** (그는 엄청난 책벌레였다)
- **글쓰기** (주로 설교문을 작성하셨다)

솔직히 처음에는 조 약사님의 생활 패턴을 이해하지 못했다. 대형 약국을 경영하는 성공한 사업가가 왜 저렇게 매일 새벽같이 일어나 기도하고, 성경 읽고, 달리고, 독서하고, 글을 쓰시는 건지. 도무지 이해하지 못했다. 왜 저렇게 치열하게 사시는 걸까? 왜 저렇게 피곤하게 사시는 걸까?

그러나 코비가 말하는 2사분면의 의미를 깨닫게 되면서 나는 오히려 조 약사님의 그런 치열한 삶이 당연하게 여겨졌다. 그때부터 나도 20년 후를 바라보며 2사분면에 투자하기 시작했다. 나는 시간이 없어 취침 시간을 2시간 줄였고, 출퇴근 시간, 점심시간, 자투리 시간이 생길 때마다 2사분면에 해당하는 일들을 했다.

- **성경 묵상** (매일 20분씩 집중해서 성경을 읽었다)
- **기도** (새벽 또는 아침, 출근하면서 기도하기도 했다)
- **달리기 또는 걷기** (퇴근 후 가까운 초등학교 운동장에서 운동했다)
- **인문 교양서 읽기** (점심시간에 읽고, 퇴근길에 읽으면서 걸었다)
- **일반약 공부** (자기 전 온라인 강의 듣기, 후반에는 약국에 비치된 모든 일반약의 정보를 메모하기 위해 밤늦은 시간 약국에 가서 새벽 2시까지 있곤 했다)
- **글쓰기** (보고서 쓰기, 약 정보 정리하기)

나는 여전히 직장에서 한 명분의 업무도 감당하지 못하는 사회 초년생이었지만, 그 시절 나의 사명만은 분명했고 원대했다. 나는 지혜로운 그리스도인 약사가 되고 싶었다.

나는 이 사명을 이루기 위한 일들 중에 우선순위를 정했고, 2사분면에 속한 일들을 먼저 하려고 노력했다. 물론 쉽지 않았다. 약국 업무 시간과 교회 예배 시간을 제외하면 남는 시간이 별로 없었고, 약국에서 배워야 할 내용은 끝이 보이지 않았다. 그러나 나는 틈날 때마다 2사분면에 투자했고, 15년이 지난 지금도 계속하고 있다.

10
나는 결혼을 포기했다

나는 코흘리개 시절부터 지금까지 한결같이 기도하고 있는 두 가지가 있다. 첫째는, 공부를 잘하게 해 달라는 기도이다. 초등학교 때 나는 공부를 못한다는 이유로 아버지에게 많이 맞았다. 매일같이 아버지에게 혼나다 보니 어느 순간 나는 스스로를 하찮은 바보라고 여기게 되었다. 물론 나도 공부를 잘하고 싶었다. 그러나 나는 공부를 하는 방법을 몰랐고, 내 주변에는 공부를 잘하는 사람도 전혀 없었다. 하나님께 기도드리는 것 말고는 내가 할 수 있는 것이 없었다.

약국에 취업한 이후 더 이상 시험을 치를 일이 없었다. 이제는 공부를 잘하게 해 달라는 기도 제목을 바꿔야 한다는 필요를 느끼게 되었다. '공부'라는 말은 시험공부를 연상시키기 때문에 범위가 더 넓으면서 더 근본적인 단어를 찾고 싶었다. 얼마 지나지 않아 나는 '지혜'라는 단어를 떠올렸다. 지혜는 어두운 밤 같은 내 인생길에 바른 길을 비춰주는 등불 같은 존재라고 나는 생각했다. 인생에 정답이 없다지만, 가장 지혜로운 답은 반드시 있을 것이다. 나는 그렇게 믿고, 하나님께 지혜를 달라고 간구했다.

두 번째 기도 제목은 가정을 화목하게 만들어 달라는

기도이다. 엄마와 함께한 기억이 거의 없는 나는 늘 엄마가 그리웠고, 비정상적인 아버지로 인해 고통을 당할 때마다 평범한 아버지가 부러웠다. 힘도 없고 돈도 없는, 잘난 것 하나 없는 어린아이였던 내가 가정을 위해 할 수 있는 유일한 일은 역기능 가정에 순응하는 일이었다. 맨정신으로는 불가능한 일이었기에 나는 무의식적으로 나 자신을 보호하였다. 나의 뇌는 나의 나쁜 기억들을 모조리 지워버렸다. 나는 마치 기억상실증에 걸린 사람처럼 과거의 일을 잘 기억하지 못했다. 강한 저항이 걸려 있어서 기억해 내려 애써도 엄마, 아빠와 함께 지냈던 추억들은 잘 생각나지 않았다. 이 망각은 심지어 최근 일까지도 지워버렸다. 역기능 가정과 아무런 관련도 없는 기억들도 1년만 지나면 잘 기억나지 않았다. 그리고 나는 바보처럼 논리적이고 비판적인 사고를 하지 못했다. 특히 나는 나의 권리를 남들 앞에서 주장하지 못했다. 그래서 나는 항상 주변 사람들에게 무시당하고 이용당하기 일쑤였다. 그런데도 나는 불만이나 억울함이 없었다. 미래에 대한 불안감도 없었다. 지금 생각해도 나는 좀 맹하고 멍청했던 것 같다. 그런데 바로 그 멍청함이 나를 보호했다.

하나님은 첫 번째 기도에 드라마틱한 방법으로 응답해 주셨다. 서울대 합격 이후 그 누구도 나에게 바보 같다는 말을 하지 않았다. 사실 내 머리가 갑자기 좋아진 것도 아니고, 내가 완벽하게 시험 준비를 마친 것도 아니었다. 나의 서울대 합격은 하나님의 은혜가 분명했다. 점심으로 먹은 김밥 말고는 마치 거짓말처럼 모든 조건이 나를 위해 세팅된 것 같은 기분이 들었기 때문이다. 우연이라기에는 그 우연이 너무 연달아 일어났다. 그리고 5개월 만에 수능 점수가 90점 오르는 건 말도 안 되는 거 아닌가?

그러나 하나님은 두 번째 기도만큼은 결코 응답하지 않으셨다. 아무리 기도해도 우리 집 형편은 더 나아지지 않았고, 오히려 더 나빠져만 갔다. 아버지는 무리하게 담보대출을 받아 유흥비로 탕진하셨고, 건강이 더 나빠져 병원에 입원하셨다. 동생이 태어나자 새어머니와 나와의 관계는 급속도로 멀어졌다. 나는 다시 외톨이가 된 것만 같았다.

나는 어른들에게서 더 이상 기대하지 않게 되었다. 내가 어른이 되어서 화목한 가정을 만들어야겠다고 다짐했다. 비록 아빠는 근면성실하지 않고 나에게 다정하지 않앉지만, 나만큼은 내 아들에게 근면성실한 아빠, 다정한 아빠가 되고 싶었다. 그 순간은 나의 장래 희망이 과학자에서 아빠로 바뀌는 순간이었다. 정말 흔하디흔한 '아빠'라는 두 글자가 나에게는 그 무엇보다 특별한 꿈으로 다가왔다.

아빠가 되기 위해서는 먼저 결혼부터 해야 했다. 아… 결혼… 나는 결혼만큼은 정말 자신이 없었다. 다시 수능 쳐서 서울대 의대에 들어가라고 하면 다시 도전해 볼 것이다. 그러나 내게 결혼만큼은 인간의 능력을 벗어난 신의 영역이라는 생각이 들었다. 왜냐하면 결혼은 한 남자와 한 여자가 만나 가족을 이루는 것을 넘어 한 집안과 집안이 만나 결합하는 큰 행사이기 때문이다. 나의 경우 상견례부터가 막막했다. 엄마와 아빠는 이혼 후 20년 넘게 한 번도 만난 적이 없다. 아빠는 조현병 환자에 알코올 중독자이다. 상견례장에 나는 누구와 함께 가야 하는 것인지, 가서 어떻게 대답해야 할지 막막했다. 나에게 딸이 있어도 우리 집안같이 다 망해버린 콩가루 집안에는 주기 싫을 것 같았다. 예비 신랑인 나는 잘못한 게 하나도 없지만 왠지 부끄러움을 느꼈다. 마치 내가 잘못한 것처럼. 내가 조현병 환자인 것처럼. 내가 알코올중독자인 것처럼. 상견례는 상상만 해도 진땀이 흐르는 난처한 상황이었다.

결국 나는 결혼을 포기했다. 그렇지만 부끄러워서 그 누구에게도 내 마음을 드러내지 않았다. 결혼 이야기를 꺼내면 괜히 나만 더 속상해지고, 역기능 가정이 내 마음을 찌른 상처가 벌어져 덧날 수도 있기 때문이다. 나는 좌절했고, 자존감은 떨어졌다. 이 사실을 모르는 주변 사람들은 나에게 여자를 소개시켜 주었다. 교회 자매들이 나를 보기 위해 약국으로 찾아왔다. 결국 나는 다 뿌리치지 못하고 친구가 소개해 준 초등학교 교사와 몇 번의 데이트를 즐겼고, 교회 자매와 잠시 사귀었다. 의도하지 않았지만, 나는 모두를 속이고 있었다. 내 마음은 100% 진실하지 못했다.

만약 내가 소년 가장이라면 얼마나 좋을까? 말도 안 되는 가정이지만 나에게는 부모가 없는 편이 차라리 더 행복할 것 같았다. 나 혼자라면 무엇이든 할 수 있을 것 같은 자신감이 있었다. 엄마는 아빠와 할머니를 떠나라고 내게 조언해 주셨다. 정말 현실적이고 합리적인 제안이었다. 나는 엄마의 그 이야기를 듣자마자 귀가 솔깃했다. 그동안 굳게 닫혔던 가능성의 문이 열리는 순간이었다. 피할 길이 있다는 안도감에 내 마음은 전에는 경험하지 못했던 편안함을 느꼈으며, 내 꿈을 실현할 수 있다는 기쁨이 샘솟았다. 그러나 그것은 모순이었다. 새 가정에 행복을 채우기 위해 헌 가정을 무참히 깨뜨려야 한다는 것은 말이 되지 않았다. 엄마가 던진 돌멩이 하나가 내 마음을 요동시켰다. 그 누구도 공감할 수 없는, 그 누구에게도 이야기할 수 없는 갈등이 거센 파도처럼 나를 덮쳤다. 나는 죽을 것 같았다.

다른 방법은 없는 것인가? 나는 가정의 화목을 위해 아무것도 할 수 없는가? 나는 계속 자책하며 고민했다. 당장 내가 할 수 있는 일은 없어 포기하려고 할 때 마침 전국 청소년 수련회가 있어서 교회 청년들과 함께 참석하게 되었다. 수련회에는 전국에서 몰려온 수백 명의 학생·청년들이 있었다. 은연중에 나에게는 이런 생각이 들었다.

여기에 온 많은 청년 중 한 명쯤은 나의 가정환경을 이해하고 품어줄 수 있지 않을까? 더도 말고 딱 한 명만 있으면 되는데…

  이상하게 들릴지 모르겠지만 나는 어릴 때부터 교회를 착실히 다니는 여자만이 내 아내가 될 수 있을 거라고 믿어왔다. 나는 단순하게 교회를 착실히 다니면 신앙적으로 경건한 여자라고 보았다. 그리고 신앙적으로 경건한 여자라면 당연히 누군가를 위해 십자가를 지고 희생할 것이라고 판단했다. 나의 단순한 사고방식과 초긍정적인 희망 회로가 만나니 갑자기 그전까지는 보이지도 않던 가능성이란 게 보이기 시작했다.

  지역 교회별 모임을 할 때 한 자매를 알게 되었다. 그녀는 목회자의 딸이었는데 수련회 기간 동안 자신의 기도 제목을 놓고 금식기도하는 중이었다. 나는 궁금해서 단도직입적으로 그 이유에 대해 물어보았다. 그녀는 진로에 대해 고민 중이며 조만간 선택해야 한다고 말했다. 그녀도 나처럼 공부에 집중하지 못한 고등학교 시절을 후회하고 있었다. 그녀는 똑똑해 보였고, 실제로 고등학교 성적도 우수했던 것 같았다. 그녀의 이야기를 듣자마자 나는 자신감이 생기고, 얼굴에 생기가 돌았다. 입시 공부 분야는 그 당시 내가 가장 자신 있는 분야였고, 나의 수능 성적은 내 인생에서 가장 자랑스러운 업적이었기 때문이다.

그때부터 나는 그녀에게 내가 어떤 환경에서 어떻게 공부했는지 이야기하기 시작했다. 비록 내 이야기는 교회 수련회의 주제에 정확하게 들어맞지는 않았지만, 하나님의 은혜였던 것은 확실했기 때문에 나는 당당하게 그녀의 시간 안에 들어가 앉았다. 그녀는 내 이야기를 경청한 후 사색에 잠기는 것 같았다. 곧 그녀는 자신도 수능시험에 다시 도전할까 고민하고 있으며, 이번 수련회를 통해 말씀으로 응답받고 싶다고 말했다. 나는 나 자신이 그녀에게 기도 응답이 아닐까라고 생각했으며, 내가 성공했으니 당신 또한 해낼 수 있다고 격려해 주었다. 그녀는 최선을 다했고, 결국 수능시험에서 고득점을 받았다. 한 번은 그녀가 내가 근무하는 약국으로 퇴근 시간 무렵에 찾아온 적이 있었다. 아마 내게 감사 인사를 하러 온 것일 수도 있고, 같이 저녁식사를 하고 싶어서 왔을 수도 있다. 나는 최대한 친절하게 약사로서 그녀를 맞이했고, 그녀 또한 내 뜻을 확인하고 돌아갔다. 수능시험과 대학 생활은 더 이상 나의 관심사가 아니었다. 나의 관심사는 가족이었고, 그 가족을 하나로 묶을 수 있는 신앙생활이었다. 나는 당장 이 문제 속으로 번지점프할 수 있는 자매를 찾고 있었다.

수련회 마지막 날 프로그램 중에 세대별 맞춤 강의가 있었는데, 이 시간은 중·고등부와 대학/청년부가 나뉘어져서 각각의 강사에게 특강을 듣고 토론하는 시간이었다. 나는 다른 청년들과 함께 당시 농심에서 상무로 근무하셨던 사랑빛는교회 이정근 집사님께 '신앙생활도 탁월하게, 업무도 탁월하게'라는 제목의 특강을 들었다. 예수님을 믿은 지 얼마 안 된 나는 수업에 열정적으로 참여했고, 특강이 끝난 뒤 강사님을 찾아가 명함까지 받았다. 강사님이 떠나신 후 청년들은 함께 모여 이런저런 이야기를 나누었다. 청년들의 고민은 주로 진로와 돈에 관한 문제였다. 당시 나는 사회 초년생으로서 약국에 취업한 상태였기 때문에 진로 문제에는 별 관심이 없었고, 오직 헌금에 대해서만 이따금씩 내 의견을 피력했다. 나는 왜 십일조를 내야 하는지에 대해서는 전혀 언급하지 않았다. 그러나 십일조를 내는 것은 상당한 심적 고통과 경제적 리스크를 동반하는 일이라고 주장했으며, 내가 헌금한 십일조의 사용처에 대해 내가 아무런 영향력을 미칠 수 없는지가 궁금하다고 말했다. 이야기 도중 나는 현금이 없어서 카드론으로 30만 원을 대출받아 십일조를 낸 적도 있다고 말했다. 당시 내가 대출, 이자 같은 경제적 개념에 무지했기 때문에 가능했던 일이었다.

둥글게 모여 앉은 청년 무리들 사이에 유독 내 눈에 띄는 자매 한 명이 있었다. 그 자매는 약간 통통한 몸매에 상하의로 초록색 삼선 트레이닝복을 입고 있었으며, 오똑한 콧날 위로 은빛으로 빛나는 눈화장이 인상적이었다. 그 자매에게서 느껴지는 경험치와 실패를 통해 체득한 올곧은 분위기로 볼 때 분명 내 나이 또래일 것이라고 나는 확신했다. 그 자매가 토론 시간에 어떤 내용을 이야기했는지는 거의 기억나지 않지만, 유일하게 기억나는 것은 단기 선교를 떠나기 위해 직장을 담대하게 그만두었고 하나님께서 지금까지 그녀를 지켜주셨다는 이야기이다. 발표할 때 그녀는 더 멋있어 보였다. 그녀는 아나운서처럼 발성이 좋고 발음이 또렷했고 무엇보다 서울말이 자연스럽고 유창했다. 한 번도 그 자매와 대화한 적은 없었지만, 목마른 자가 목마른 자를 알아보듯 그 자매 또한 나처럼 세상 풍파를

겪고 하나님 안에서 살 길을 찾고 있는 중이라는 것을 나는 느낄 수 있었다. 비록 우린 수련회에서 잠시 스쳐 지나가지만, 만약 우리가 서로에게 돕는 배필이라면 우리는 반드시 다시 만나게 될 것이었다.

11
"성경의 주인공은 누구입니까?"

평택 무봉산 청소년 수련회의 대망의 마지막 시간은 이재기 목사님이 설교하신 파송 예배였다. 목사님은 설교 마지막에 신학교에 헌신할 학생들은 손을 들어 보라고 말씀하셨다. 나는 '설마 굳이 그런 데 갈 학생·청년이 있겠어?'라고 생각했다. 그런데 이해할 수 없는 일이 벌어지고 있었다. 생각보다 많은 학생들이 손을 번쩍 들고 주님께 삶을 헌신하겠노라 서원하고 있었던 것이다. 나는 깜짝 놀란 가슴을 진정시키며 그들을 차분하게 지켜보았다. 그들이 자신의 인생을 하나님께 드릴 수 있는 이유는 무엇일까? 아니면 드릴 수밖에 없었던 이유는 무엇이었을까? 잠시 고민해 보았다. 물론 나는 정확한 이유를 알 수 없었다. 신학생들의 헌신에 공감할 수도 없었다. 다만 내가 수련회 기간 동안 확신한 것은 하나님은 분명히 살아 존재하신다는 사실과 하나님은 자신을 사랑하는 자들에게 상 주시는 분이라는 사실이다.

나는 약국 입사 후 몇 개월 동안 엄마와 아빠 가운데 누구를 선택할까 고민하다가 수련회가 끝나고서야 비로소 결정을 내릴 수 있었다. 사실 나는 아버지를 버리고 싶다는 이기적인 욕망에 사로잡혀 대구를 떠나 원주로 도망친 상태였다. 만약 내가 아버지를 버리고, 어머니를 선택한다 해도 내 앞에서 대놓고 나를 욕할 사람은 별로 없었을 것이다. 세상적으로 보면 엄마 쪽에 서는 게 훨씬 더 합리적인 선택이었으니까. 그러나 하나님을 내 삶 속에 개입시키자 나는 전과 같은 선택을 할 수 없었다. 결국 나는 하나님께 항복했고, 엄마와 아빠 둘 중 그 누구도 선택하지 않기로 결론 내렸다. 나는 나를 키워 주신 할머니를 결코 버릴 수 없었고, 할머니가 사랑하는 아들인 아빠를 버릴 수 없었다. 그렇다고 군 제대 이후 나에게 새로운 길을 열어 주신 엄마 또한 버릴 수 없었다. 나는 엄마와 아빠 두 분을 한꺼번에 모시기로 작정했다.

성경에 대해서는 조약사님이 매주 금요일마다 약국 근무시간에 가르쳐주셨다. 어느 날부터 금요일 오후 3시쯤에 나를 따로 부르시더니 의자에 앉으라고 하셨다. 화장실 갈 여유도 없이 일하다 앉으니 저절로 눈이 감겼다. 잠시 쉬러 온 느낌이었다. 내가 졸고 있어도 조약사님은 아무 말씀도 안 하셨다. 그는 항상 설교문을 준비하셨고, 복음 소책자를 읽으며 내게 복음을 설명해주셨다. 늘 그렇게 정성을 쏟으시니 나는 죄송해서 성경말씀에 집중하기 시작했는데 어느날 갑자기 복음이 믿어졌다. 이후 나는 그와 함께 교회에서 예배를 드렸다.

조 약사님은 내게 주일학교에 교사로 헌신할 것을 권하셨고, 나는 기도 끝에 그 제안에 수락하여 2010년부터 주일학교 교사로 헌신하였다. 나는 주일학교 교사의 자격을 갖추기 위해 어린이전도협회에서 진행하는 'TCE$^{Teaching\ Children\ Effectively}$ 교육 과정'에 등록했다. 나는 한 달 동안 약국 업무가 끝나자마자 어린이전도협회로 달려가 목사님의 강의를 들었다. 목사님의 진심이 담긴 말씀과 복음을 향한 뜨거운 열정은 나에게로 전염되었고, 나에게도 정말 기적 같은 순간이 찾아왔다. 바로 내가 신학교에 가고 싶다는 생각이 든 것이다.

2월이 되었을 때 나는 청년부 예배 시간에 처음으로 신학교에 가고 싶은 나의 마음을 고백했다. 신학교를 향한 내 마음이 변하니 제임슨 형제를 바라보는 관점도 바뀌게 되었다. 제임슨 형제는 필리핀의 한 목사님 아들인데, 필리핀에 신학교를 세우기 위해 한국에서 신학 공부를 하고 있는 형제였다. 예전에는 제임슨 형제를 그저 불쌍한 필리핀 유학생으로 보았었는데, 이제는 미래의 필리핀 신학교 총장이 될 귀한 형제 제임슨으로 바라보게 되었다. 나 또한 제임슨처럼 신학교에 가서 하나님을 더 알아가고 싶었다. 하나님께 쓰임 받는 귀한 일꾼이 되고 싶었다. 나를 통해, 나의 가정을 통해, 나의 교회를 통해 하나님께 영광 돌리고 싶었다.

조 약사님은 예전부터 내게 이런 말씀을 종종 하셨었다.

"성경 공부하려면 신학교에 가야 한다."

이 좋은 기회를 놓칠 조 약사님이 아니었다. 나의 고백을 들은 조 약사님은 망설임 없이 내게 당장 이번 달 말부터 시작되는 M.Div 과정에 바로 등록할 것을 권면하셨다. 내게 전액 장학금을 주시겠다고 약속하셨지만 나는 곧바로 대답할 수가 없었다. 왜냐하면 내가 정말 신학교에 갈 수 있다고는 한 번도 생각해 본 적이 없었기 때문이다. 나는 예수님을 믿어 구원받은 지 몇 개월밖에 되지 않았고, 성경을 한 번도 제대로 읽어 본 적이 없었으며, 무엇보다 목사가 되어야 한다는 소명도 받지 못한 상태였다. 나 같은 사람이 신학교에 갔다는 이야기는 한 번도 들어 본 적이 없었다.

   신학교에 간다고 생각하니 두렵고 떨렸다. 다행히 조 약사님이 월요일, 금요일, 토요일 오전에 내가 파트타임으로 근무할 수 있도록 배려해 주셔서 매달 140만 원 정도는 벌 수 있었다. 그러나 신학교에 가게 된다면 친구들과의 술자리, 소개팅, 여행, 볼링과 탁구 같은 취미 활동 같은 건 꿈도 꿀 수 없게 된다. 나는 당시에 내게 닥친 이 현실을 또 하나의 고난으로 받아들였다. 신학교는 내게 이유는 알 수 없지만 하나님께서 내게 허락하신 고난이었던 것이다. 나는 구약 성경에서 욥기를 읽으며 하나님의 뜻을 이해해 보려 했지만, 전혀 도움이 되지 않았다. 오히려 더 힘들고 가슴만 아파왔다. 약국을 그만두기 위해 매니저 약사님께 말씀드리자 약국 사람들도 나의 신학교 행을 반대했다. 채 약사님은 특별히 시간을 내어 내게 찾아와 본인의 친구 이야기까지 하시면서 내게 시간 낭비하지 말 것을 조언해 주셨다. 심지어 담임목사님도 소명도 받지 못한 초신자의 섣부른 선택을 탐탁지 않게 여기셨다. 어머니께는 말씀도 드리지 못했다. 반대하실 것이 뻔했기 때문이었다.

내가 약국에서 입학원서를 쓸 때 한 가지 에피소드가 있었다. 내가 입학원서를 작성할 때 진 약사님(조 약사님의 아내)도 신학교에 가기 위해 입학원서를 내 옆에서 작성하고 계셨다. 진 약사님은 내게 꼭 M.Div 과정에 지원할 필요가 없으면 본인이 지원하는 M.A. 과정도 괜찮다고 말씀해 주셨다. M.A. 과정은 월요일에만 신학교를 가면 되는 과정이었기 때문에 훨씬 부담이 적었다. 나는 지우개로 M.Div 과정 칸의 체크 표시를 지우고, M.A. 과정에 체크했다. 잠시 후 조 집사님이 오셔서 내 입학지원서를 검사하셨는데 M.A. 과정에 체크되어 있는 것을 보시고 그 이유를 물으셨다. 나는 진 약사님이 추천하셨다고 대답했다. 조 집사님은 바로 아내에게 화를 내기 시작하셨다. 왜 박 약사에게 쓸데없는 말을 해서 M.A. 과정으로 바꾸게 하냐고 막 혼내셨다. 나 때문에 곤욕을 치르고 있는 진 약사님을 보니 괜히 미안한 마음이 들었다. 나는 조용히 지우개로 M.A. 과정의 체크 표시를 지우고, 다시 M.Div 과정에 체크 표시했다.

약국에서 일반약 업무를 일주일간 인수인계한 후 나는 약국을 퇴사했다. 3월부터 나는 정직원이 아니라 파트타임 약사로 근무하게 될 터였다. 드디어 신학교로 가기 위해 차를 끌고 나왔을 때 제임슨으로부터 급한 연락이 왔다. 신학교에 가면 예배를 드리는데, 그때 꼭 정장을 입고 구두를 신어야 한다고 제임슨은 내게 알려 주었다. 나는 급한 마음에 차를 후진하다가 그만 전봇대를 박고 말았다. 뽑은 지 1년 조금 넘은 나의 애마 포르테의 엉덩이가 움푹 파였다. 그 순간 신학교에 가기 싫다는 생각이 들었다. 그러나 금세 생각을 고쳐 먹고, 그 차를 끌고 바로 신학교로 향했다. 이때 욥기를 읽었던 게 도움이 되었던 것 같다. 나는 그 어떤 순간에도 하나님을 탓하지 않고, 하나님을 더 알아가는 일에만 힘쓰기로 작정했다.

내가 다닌 신학교는 아주 작고 아담한 건물이었다. 나는 긴장하는 마음으로 강의실에 들어갔다. 작은 강의실 안에는 먼저 온 학생들이 앉아 있었는데 열 명도 되지 않아 보였다. 나는 어렵거나 집중하기 힘든 과목을 수강할 때마다 교수님 바로 앞자리에서 공부하던 습관이 있었기 때문에 맨 앞자리에 공석이 있는지 먼저 확인했다. 다행히 맨 앞자리에는 여학생 한 명만 앉아 있을 뿐 나머지 자리는 모두 공석이었다. 나는 그 여학생에게서 세 칸 정도 떨어진 위치에 자리 잡고 노트북을 폈다. 그런데 이상하게도 그 여학생의 낯이 익었다. 꼭 어디선가 본 것만 같은 기분이 들었다. 신학생들과 나의 접점은 오직 전국 청소년 수련회밖에 없었다. 맞다! 세대별 맞춤 강의에서 만났던 바로 그 자매, 은빛 눈화장이 인상적이었던 그 자매였다. 한 달 후 전혀 예상치 못한 장소에서 그 자매를 또 만나게 되자 내 심장이 약간 두근거리기 시작했다. 어쩌면 우리의 연속적인 만남들이 하나님의 인도하심이었을지도 모른다는 생각이 내 머릿속을 스쳐 지나갔다. 그러나 그것은 단순히 나의 착각일 가능성이 더 컸으며, 설사 그것이 사실이라도 해도 나는 당장 무슨 액션을 취해야 할지 알지 못했다.

신학 수업은 처음이었기 때문에 도대체 교수님이 무슨 말씀을 하시는지 이해하기 어려웠고, 아는 사람이 한 명도 없어 나는 굉장히 긴장한 상태였다. 급속도로 피곤해진 나는 눈꺼풀이 무거워지기 시작했다. 쏟아지는 졸음을 참지 못한 나는 고개를 숙인 채 눈을 감고 있었다. 잠시 후 교수님이 내 이름을 부르셨고, 나는 깜짝 놀라며 대답했다. 교수님은 나의 수준을 알아보기 위해 정말 쉽고 간단한 주일학생용 질문을 신학생인 내게 던지셨다.

"성경의 주인공은 누구일까요?"

"모르겠습니다."

"예수님이죠."

"아……"

이 질문 하나로 나의 영적 수준이 다 드러났다. 나는 성경공부를 하기 위해 신학교에 왔으니 전혀 부끄럽지 않았다. 오히려 나의 무지와 어리석음을 깨닫게 해 주신 교수님께 감사드렸다. 신학교 수업 첫날 나는 내가 아무것도 모른다는 아주 중요한 사실을 깨달았다. 하나님은 신학교 과정을 통해 나를 철저하게 낮추셨는데, 이는 나로 하여금 갈림길 앞에 섰을 때 인간의 지혜가 아닌 하나님의 지혜를 구하게 만들었으며, 문제가 발생했을 때 인간의 능력이 아닌 하나님의 능력을 의지하게 만들었다.

12
운명이 다가오고 있었다

신학교의 첫 학기를 다니는 동안 아버지가 또 사고를 치셨다. 아버지는 할머니의 집을 유흥비로 다 탕진하신 뒤에, 할머니가 비상금 1,500만 원으로 마련하신 전셋집에서 살고 계셨다. 그런데 아버지는 또다시 유흥비를 마련하기 위해 전세를 담보로 무리한 대출을 받으셨고, 노래방에도 외상값 500만 원을 빚진 상태였다.

아버지의 빚 문제를 해결하기 위해 고모와 고모부가 나를 대구로 부르셨다. 나도 이제 서른 가까이 된 사회초년생 약사였기 때문에, 나를 키워 주신 할머니와 아버지를 책임지고 부양할 의무가 있었다. 친척 어른들은 나에게 아버지와 함께 할머니를 책임질 것을 요구하셨다. 그리고 할머니께서 돌아가시면 할아버지의 묘를 이장하는 비용까지 내가 감당하길 원하셨다. 대신 고모부는 힘 있는 지인을 동원해 노래방 외상값을 300만 원 정도로 깎아 주겠다고 약속하셨다.

나는 예수님께서 나를 사랑하신 것처럼 가족 모두를 사랑으로 섬기고 싶었다. 모든 의견을 수용하고, 진심으로 내 한 몸 희생하여 가족을 보살피리라 다짐하였다. 그러나 신학생 신분으로 할머니와 아버지의 병원비를 모두 감당하는 것은 현실적으로 불가능해 보였다. 나는 용기를 내어 고모부에게 이렇게 말씀드렸다.

"제가 아버지를 책임질 테니, 고모와 고모부는 할머니를 책임져 주십시오."

나는 각자의 부모를 부양하자고 말한 셈이었다. 고모부는 흔쾌히 내 의견에 동의하셨다. 원주로 돌아간 나는 아버지의 대출금과 병원비를 마련하기 위해 일단 적금을 깨고, 모든 보험을 해지했다. 내가 가진 모든 자산을 모아 보니 신기하게도 아버지의 대출금에다 노래방 외상값을 합친 금액과 거의 일치했다. 아버지의 신용 상태가 좋지 않아 대출을 많이 받지 못한 것이 정말 불행 중 다행이었다.

그 가운데 하나님은 마산의 강성기 목사님을 원주 교회로 보내 주셨다. 강성기 목사님은 알코올중독자들의 재활과 사회 복귀를 위해 일하시는 귀한 분이셨다. 나는 아버지를 모시고 마산으로 가서 강 목사님과 상담한 후 아버지를 그곳에 부탁드렸다. 원주교회 정 목사님과 조 집사님이 힘써 주신 덕분에 가능한 일이었다. 이분들 덕분에 나는 가까스로 절망의 구렁텅이에서 기어나올 수 있었다. 다시 한 번 감사드립니다.

갑자기 어머니가 원주로 올라와 나와 같이 살길 원하셨다. 평소 어머니를 위해 기도하고 있던 나는 이것을 하나님의 응답하심으로 여겼다. 그런데 어머니는 아파트에서 나와 함께 살기를 원하셨다. 나는 돈이 한 푼도 없는 거지였기 때문에 어머니의 요구를 거절할 수밖에 없는 처지였다. 염치없지만 나는 조 집사님께 도움을 요청했다. 한 영혼을 귀하게 여기시는 조 집사님은 내게 무이자로 돈을 빌려 주셨다. 덕분에 나는 신학교를 다니면서 동시에 어머니와 함께 교회도 다닐 수 있는 호사를 누리게 되었다.

부모님의 거취 문제를 어느 정도 해결했으니 이제 본격적으로 결혼을 준비할 타이밍이었다. 상견례와 결혼식을 상상할 때마다 아버지가 사고 치는 장면이 떠올랐지만, 지금까지 나를 지켜 주신 하나님께서 이 또한 지켜 주시리라는 확신이 생겼다. 그 당시 내게 가장 시급하면서도 가장 중요한 일은 나의 신부를 찾는 일이었다. 나는 내 모든 상황을 이해하고, 나와 함께 부모님을 모실 수 있는 배우자를 얻고 싶었다. 거의 불가능에 가까운 일이란 건 나도 잘 알고 있었다. 그러나 나는 예수님을 잘 믿는 자매라면 가능하지 않을까라는 약간의 기대를 하면서, 매일 하나님께 좋은 배우자를 달라고 간절히 기도하였다.

학교 다니는 내내 나는 너무 바빠 정신이 하나도 없었다. 늘 수면 부족, 만성 피로, 무기력증에 시달렸다. 월요일에는 하루 종일 약국에서 바쁘게 일했고, 월요일 저녁부터 목요일 저녁까지 신학교에서 공부와 과제에 파묻혀 있다가 또다시 약국에서 금요일부터 토요일 오후 2시까지 근무했다. 토요일 2시부터 일요일 저녁까지는 신학생으로서 교회 모든 예배와 행사를 섬겨야만 했다.

내가 마음 편히 쉴 수 있는 시간은 정말 단 한 시간도 없었다. 나는 전도사가 아니었기 때문에 교회에서 그 어떤 지원도 기대할 수 없었다. 나는 신학교를 다니는 특이한 약사 성도에 불과했다. 나는 돈 버는 약사, 공부하는 신학생, 섬기는 성도, 그리고 집안의 가장 역할을 감당하느라 정말 매일매일 전쟁에 참전하는 군인처럼 치열하게 살아야만 했다.

그런 와중에 전국 청소년 수련회에서 처음 만났던 그 서울 자매가 병원까지 태워 줄 형제를 찾고 있다는 소식을 듣게 되었다. 도서관에 있던 나는 몰래 기숙사로 도망쳐 숨어 있었다. 그리고 서울 자매가 다른 전도사님의 봉고차를 타고 학교를 떠나는 모습을 조용히 지켜보았다. 나 또한 나 자신이 옹졸하다는 것을 알고 있었지만 어쩔 수 없었다.

첫째로, 나는 여유 시간이 전혀 없었다. 병원에 다녀오면 두 시간은 그냥 지나갈 텐데 그것은 당시의 나에게는 다른 무언가를 포기해야만 하는 감당하기 힘든 출혈이었다. 둘째로, 나는 나와 아무런 사이도 아닌 여자를 내 차에 태우기가 부담스러웠다. 그 자매는 나보다 신학교에 한 학기 일찍 입학한 선배일 뿐이었다. 그녀는 내 친구도 아니었고, 같은 교회 성도도 아니었다. 더군다나 그녀는 그냥 81년생, 나는 빠른 82년생으로 서로 애매한 사이였다. 신학교에 82년생이 훨씬 더 많아 내가 82년생들과 서로 친구처럼 지냈기 때문이다. 그래서 나는 그 서울 자매에게 어쩔 수 없이 '선배'라고 한두 번 불러 보았을 뿐,

그녀와 대화다운 대화를 나누어 본 적은 한 번도 없었던 것 같다.

학교 선배 가운데 81년생은 대전 형제, 서울 자매 이렇게 딱 두 명이었다. 어느 날 나는 급하게 오느라 와이셔츠를 깜빡하고 왔다. 때마침 기숙사에 있었던 81년생 대전 형제에게 나는 다가가 조심스럽게 입을 열었다.

"선배님, 와이셔츠 좀 빌려주세요."

그러자 대전 형제는 나에게 이렇게 말했다.

"어차피 생일도 몇 달 차이 안 나는데 편하게 얘기해."

"그럴까?"

그날부터 나는 자연스럽게 대전 형제와 친구가 되었다. 나는 81년생을 배신하고 82년생에게 붙었다가, 다시 81년생에게 붙은 박쥐였다. 나의 이중적인 태도는 81년생과 82년생 모든 사람들을 불편하게 만들었지만, 나는 전혀 개의치 않았다. 나는 애초부터 신학교에 성경 공부를 하러 왔을 뿐, 신학교에 그 이상의 의미를 두지 않았던 것이다. 신학생들 또한 초신자였던 나에게 관용을 베풀어 주었고, 오히려 나에게 착하게 대하고 격려함으로 신학교 생활을 계속할 수 있는 원동력을 제공해 주었다.

그로부터 며칠 후 목요일, 모든 수업을 마치고 집으로 가기 위해 막 자동차를 끌고 나오던 참이었다. 그때 마침 서울 자매 또한 짐을 챙겨 나왔고, 우리는 약간 어색하게 인사했다. 그때 서울 자매가 한마디를 덧붙였다.

"태평리까지 나 좀 태워 줄 수 있어?"

"……"

"거기 버스 정류장까지만 좀 태워 줘."

"네, 타세요."

다행히 태평리 버스 정류장은 학교에서 멀지 않은 곳

이었다. 자동차로 20분 정도 걸렸던 것 같다. 그리고 서울 자매가 들고 있는 짐을 보니 갑자기 그녀가 안쓰러워 보였다. 그때 처음으로 나는 그녀를 도와야겠다고 마음먹었다. 그런데 대전 형제와도 말을 트고 지내는데, 대전 형제와 동갑인 서울 자매에게만 "선배"라고 부르는 건 좀 말이 안 되는 것 같았다. 그래서 나는 엑셀을 밟으면서 용기를 내어 입을 열었다.

"근데 저, 대전 형제와 말 트고 친구하기로 했어요."

"아… 그래?"

내 옆자리에 앉은 서울 자매는 내 말을 듣고 처음에 약간 아니꼬운 표정을 짓더니, 이내 그 표정은 황당함으로 변했다. 그녀는 체념한 듯이 한숨을 쉰 뒤 나를 쳐다보았다.

"알았어. 이제 미나라고 불러."

"어……"

"차 태워 주니까 봐줄게."

나는 서울 자매의 화끈한 성격에 약간 놀랐다. 그리고 이제 모두와 편하게 말할 수 있게 되어 기뻤다.

13
하나님이 예비하신 반쪽

첫 학기도 후반기로 접어들고 있었다. 나에게는 정말 매일매일이 전쟁 같았다. 월요일 저녁만 되면 학교에 가기 싫다는 생각이 들었고, 목요일 저녁만 되면 학교를 중퇴하겠다는 말이 턱밑까지 올라왔다. 읽어야 할 책들이 산더미처럼 쌓여 있었고, 써야 할 보고서들이 밀려 있었다. 나의 능력으로는 도저히 감당할 수 없을 것 같았다.

그 와중에 아버지는 마산의 알코올중독 치료센터 겸 교회인 사랑샘교회를 탈출했다. 아버지는 아침 일찍 버스정류장으로 가서 대구로 향하는 버스를 탔다. 기사님이 버스표를 검사하자 돈이 없어 표를 구하지 못한 아버지는 "어머니께서 위독하십니다. 꼭 가야 합니다."라고 거짓말했다. 마음이 약해진 기사님은 아무 대가 없이 아버지를 대구까지 태워 주었다.

그 주 월요일 저녁에 나는 신학교로 갈 수 없었다. 나는 대구 어딘가에 있을 아버지를 찾아내어 병원에 입원시켜야 했다. 아마도 아버지는 몇 주간, 아니면 몇 달간 처방약을 제대로 먹지 않은 상태였을 것이다. 그럴 때 조증과 우울증이 번갈아 나타나는데, 조증인 경우가 더 위험하다. 조증이 심한 경우 아버지는 병원을 탈출하거나 스스로의 몸을 해한다. 자해에도 여러 가지 방법이 있는데, 아버지는 지금까지 냉동고, 본드, 수면제, 칼을 자해에 사용하였다. 냉동고는 신체를 얼려 죽일 수 있다. 본드는 눈에 넣는 경우 망막을 녹여 버릴 수 있다. 수면제는 과량 복용 시 호흡 곤란으로 사망 원인이 된다. 칼은 신체의 일부를 잘라낼 수 있다.

나는 어렵게 아버지와의 통화에 성공했다. 아버지는 친구네 집에 머물고 있다고 하셨는데, 만나 보니 아버지의 상태가 좋지 않았다. 아버지는 본인이 정상인으로 보이기 위해 논리적으로 말하려고 노력했지만, 결국 어딘가는 구멍이 꼭 생겼다. 그 구멍은 아버지가 과대망상자임을 구급차 요원, 병원 직원들에게 확인시켜 주었다.

이어서 나는 아버지를 한정치산자로 만들기 위해 대구가정법원에 다녀왔다. 판사님은 할머니가 치매임을 확인하신 후 아버지의 보호자로 나를 지정하셨다. 그날부터 나는 아버지의 보호자가 되었고, 아버지는 미성년자와 비슷한 한정치산자가 되었다. 나중에 알게 된 사실이지만, 아버지를 한정치산자로 만든 것은 내게 별 도움이 되지 않았다.

학기말이 될 무렵, 내게도 피할 수 없는 시간이 찾아왔다. 서울 자매는 약을 타러 가기 위해 내게 도움을 청했다. 신학교에는 자가용을 굴리는 학생이 몇 명 없었기 때문에 언젠가는 내게 닥칠 일이었다. 말까지 트고 지내는 친구가 된 이상, 더 이상 친구의 어려움을 모른 척하고 있을 수도 없는 노릇이었다. 흔쾌히는 아니지만 나는 서울 자매의 요청에 수락했다.

이천 병원은 생각보다 꽤 멀었다. 가는 데 30분은 더 걸린 것 같았다. 차 안에서 무슨 이야기를 했는지는 전혀 기억나지 않는다. 그때까지만 해도 나는 서울 자매를 신학교까지 와서 드라마를 다운받아 보는 이상한 사람이라고 생각하고 있었다. 항상 시간에 쫓기며 사는 나에게 드라마 시청은 굉장히 사치스러운 활동이었기 때문이다. 시간이 흘러서야 나는 신학생들이 신학교에서 영화도 보고, 게임도 하고, 밖에서 놀기도 한다는 사실을 알게 되었다. 그전까지 나는 목사, 전도사, 신학생들은 모두 하나님의 특별한 선택을 받은 비범하고 거룩한 성직자라는 선입견을 가지고 있었는데, 신학교를 다니면서 그 환상이 깨어졌다. 가까이서 지켜보니 목회자와 신학생들 모두 소소한 힐링이 필요한 한 명의 평범한 사람이었다.

진료실로 들어간 서울 자매는 한참이 지나도 나올 기미가 보이지 않았다. 내 경험상 10분 내외로 끝날 줄 알았던 진료가 길어지자 내 마음은 초조해지기 시작했다. 내 눈길은 자꾸만 시계로 향했다. 무언가를 꼭 해야만 했다. 이대로 내 시간을 낭비할 수는 없었다. 나는 눈앞에 놓여 있는 신문을 집어 들어 읽기 시작했다. 특히 사설을 집중해서 읽으면서 논리를 전개하는 방식을 주의 깊게 살폈다. 나중에 좋은 설교자가 되기 위한 공부였다. 그렇게 30분이 더 흘렀을까? 저 멀리 진료실 문이 열리고 서울 자매가 나타났다. 그녀는 비틀거리고 있었다. 순간 이해가 잘 되지 않았다. 왜 저러지? 아, 내시경 때문에 마취를 했었구나. 나는 그녀를 잠시 흥미롭게 쳐다본 후 별다른 리액션을 취하지 않고, 다시 신문의 자음과 모음에 빠져들었다. 걸음 속도를 보니 나한테 올 때까지 2~3분은 걸릴 것 같았기 때문이다.

서울 자매는 내게 와서 서운하다는 표정을 지었다. 나는 그녀가 왜 내게 그런 표정을 짓는지 전혀 이해할 수 없었다.

"저기서 나 비틀거리면서 오는 거 안 보였어?"

"보였지."

"내시경 받고 어지러운데 붙잡아 주지도 않고, 어떻게 신문을 계속 볼 수가 있지?"

"……" (내가 자기 남자친구도 아닌데 나에게 왜 저러는 거지?)

나는 내성적이라서 이성 친구에게 쉽게 다가가지 못했다. 그리고 굉장히 보수적인 편이라 여자친구가 아닌 여자와의 신체적인 접촉을 최대한 피하는 편이었다. 지금도 마찬가지다. 그 이유를 설명하자면 다음과 같다.

첫째로, 아무리 가벼운 신체 접촉이라고 하더라도 성적인 감정을 일으켜 다음 단계로 넘어가는 발판이 될 수 있기 때문이다. (나를 포함한 대부분의 남자는 성적인 감정을 통제할 수 없다고 믿는다.)

둘째로, 대개 남자들은 불순한 의도를 가지고 여자에

게 접근해 신체 접촉을 시도하기 때문이다. (나는 서울 자매에게 그런 불순한 의도를 가진 형제가 되고 싶지 않았다.)

셋째로, 신체 접촉하는 그 여자에게 남자친구가 있을 수도 있기 때문이다. 그렇다면 나는 그 여자뿐만 아니라 남자친구에게도 결례를 범하는 꼴이 된다. (당시 서울 자매는 남자들에게 굉장히 인기가 많아 보였다.)

내 생각과 달리 서울 자매는 내가 얼른 뛰어와 자기를 부축해 주길 원했다. 마치 남자친구인 것처럼 말이다.

'난 자기 남자친구도 아닌데 도대체 나에게 왜 저러는 거지?'

'내가 자기 때문에 없는 시간 쪼개서 멀리 차 끌고 나온 건데…'

내 머릿속은 혼란스러워졌다. 나는 서울 자매가 너무 아프고 힘들어서 투정을 부리는 거라고 이해했다. 나는 직업은 약사였기 때문에 위염으로 고생하는 모습이 더욱더 안쓰럽게 느껴졌다. 약사로서 서울 자매가 빨리 완치될 수 있도록 뭐라도 돕고 싶었다.

"배고프지? 죽이라도 한 그릇 먹고 들어갈래?"

"응. 좋아."

약사가 환자를 대하듯이 서울 자매에게 친절하게 대하려고 노력했다. 그때부터 신기하게도 내 경직된 마음이 조금씩 풀리기 시작했다. 같이 죽을 먹고 이야기를 나누는 동안 우리는 좀 더 친해졌다. 서울 자매의 밝고 쾌활한 성격과 낭랑한 목소리는 이전에 심겨진 나의 나쁜 선입견을 다 지우고도 남을 만큼 매력적이었다.

내가 다닌 신학교에는 학기를 마친 후 일주일 동안 제출하지 못한 보고서를 작성하는 '은혜의 기간'이 있었다. 그 기간 동안 나를 포함한 몇몇 학생들은 집에 가지 않고 독서실에 모여 앉아 각자의 보고서를 작성하였다. 다들 열심히 공부하였지만, 서울 자매가 보고서를 열심히 타이핑하는 장면은 특히 인상적이었다. 왜냐하면,

첫째로, 서울 자매에게서 한 주제에 대해 진지한 태도로 깊이 연구하는 지적인 이미지를 발견했기 때문이다.

둘째로, 힘든 시기를 밝고 긍정적인 태도로 버텨 내는

그녀의 태도가 멋있었기 때문이다.

셋째로, 이 모든 것이 내가 전혀 예상하지 못했던 새로운 장면이었기 때문이다.

우리들은 별빛이 반짝이는 밤이 되어서도 기숙사로 돌아가지 못하고 끙끙거리며 과제 작성에 매달렸다. 늦은 밤이 되자 과제에 지친 학생들은 하나둘씩 기숙사로 돌아가기 시작했다. 독서실의 분위기는 조금씩 어수선해졌고, 독서실은 서서히 교제의 장으로 변해 갔다. 20대 후반 남녀들의 최고 관심사는 단연 결혼이었다. 학생들은 서로가 원하는 이상형과 배우자 기도에 대해 이야기를 나누었다. 특이하게 서울 자매와 나는 이상형에 관해서 일치하는 한 가지 조건이 있었다.

'나보다 하나님을 더 사랑하는 사람.'

초신자였던 그 당시의 나는 기도에 대해 엄청 진지하게 생각하고 있었다. 나는 하나님께 기도를 드리면 하나님은 반드시 들으시고 응답해 주신다고 믿고 있었다. 그 순간 나는 진심으로 궁금해졌다.

'설마 서울 자매가 하나님께서 예비하신 내 반쪽인 건가?'

14
당신은 나의 이상형입니다

나는 가슴이 두근거리기 시작했다. 곧 모두들 일어나고 독서실에는 그녀와 나 단둘만 남게 되었다. 나는 용기를 내어 그녀에게 단도직입적으로 질문했다.

"우리 서로… 배우자가 아닌지 같이 기도해 볼래?"

"어? 어……"

서울 자매는 몇 단계를 뛰어넘은 내 갑작스럽고 직설적인 질문에 당황한 것처럼 보였다. 그리고 확실하진 않지만 나는 그녀가 내 제안을 수락했다고 판단했다. 사귀자는 것도 아니고, 결혼하자는 것도 아니고, 하나님의 뜻을 알고자 기도하자는 것인데 문제 될 것은 없다고 나는 생각했다.

내 마음은 계속 떨렸고 두근거렸다. 서울 자매가 이미 내 약혼자라도 된 것만 같았다. 다음 날 아침부터 나는 너무 떨려서 서울 자매 얼굴도 제대로 쳐다볼 수 없었다. 나의 이런 변화를 자매들은 직감적으로 알아챘고, 학교에 곧 소문이 퍼졌다. 나는 도망치듯이 다시 원주로 돌아왔다. 나는 곧바로 배우자를 얻기 위한 기도를 시작했다. 나는 정말 배우자 기도에 진심이었다. 내 인생의 옆자리에 누가 앉느냐에 따라 내 모든 미래가 바뀔 거라는 것을 나는 그때 이미 직감적으로 알고 있었기 때문이다.

방학 기간 동안 두근거리던 내 마음은 다시 차분해졌고, 나는 배우자를 선택함에 있어 내 감정이 아니라 하나님의 역사하심을 따르고 싶어졌다. 나는 정말 예수님을 제대로 믿는 자매, 말씀을 묵상하고 올바르게 해석하는 자매, 하나님 말씀에 순종하는 자매를 만나고 싶었다. 그러나 나를 정말 불안하게 만드는 것은 나에게 사람을 보는 기독교적 안목이 없다는 사실이었다. 그래서 나는 내가 원하는 배우자상에 조건을 하나 더 추가하면서, 동시에 하나님께 서원했다.

"하나님, 우리 학교 M.Div 출신인 자매와 결혼하길 원합니다. 만약 아니라면 평생 결혼하지 않겠습니다."

무리수를 던진 나는 곧장 저녁 금식 기도에 돌입했다. 나는 저녁 6시가 넘으면 물을 제외한 그 어떤 음식도 먹지 않았다. 대신 나는 점심에 두 끼를 먹었다. 그런 내 모습을 보고 약국 직원들은 비아냥거렸고, 교회 사모님은 나의 극단적인 행동에 우려를 금치 못했다. 그러나 나는 정말 진심이었다. 서울 자매는 M.A. 과정이었기 때문에 안타깝게도 포기해야만 했다. 나는 그날부터 서울 자매에게 먼저 연락하지 않았다.

여름성경학교가 끝나고 무더위가 기승을 부리던 어느 저녁, 나는 너무 덥고 배가 고팠다. 에어컨을 켜고 물을 한 모금 마신 뒤 책상에 앉아 성경 읽기 과제를 하려는데, 갑자기 전화가 왔다. 서울 자매였다. 굉장히 반가웠다. 학기말의 그 감정이 되살아나기 시작했다. 서울 자매는 내게 자신의 근황을 설명하는 도중에 전혀 예상하지 못한 말을 하였다.

"일섭아 안녕? 제임슨이랑 통화하다가 너한테 연락하라고 하길래 전화해봤어. 잘 지냈니?"

그 전화 한 통으로 우리는 다시 연락하기 시작했고 나는 기도와 고민을 계속했다. 그러다가 나는 다시 이 자매는 M.A.과정이라는 걸 기억해내고 또 다시 연락을 하지 않았다. 나는 이미 하나님께 M.Div 출신인 자매가 아니면 결혼하지 않겠다고 약속했기 때문에 어쩔 수 없었다. 그러나 밤에 조용히 혼자 집에 있을 때마다 그 자매 생각이 나서 견딜 수가 없었다. 또 일주일간 저녁 금식 배우자 기도를 드린 뒤에 용기를 내어 나는 다시 서울 자매에게 연락을 해보았다. 이런저런 대화를 하는 도중에 그녀가 이렇게 말했다.

"일섭아, 나 M.Div 과정으로 바꾸었어."

소름이 돋았다. 배고픔이 사라졌다. 나는 사가랴처럼 아무 말도 할 수 없었다. 한동안 정적이 흘렀다. 더 이상 아무것도 따질 필요 없었다. 나는 100% 확신했다. 하나님께서 서울 자매를 나의 배필로 주셨다고. 나는 다짜고짜 그녀에게 고백했다.

"당신은 나의 이상형입니다."

아까보다 짧은 정적이 흘렀다. 다행히 서울 자매는 나의 마음을 받아주었다. 아마도 그녀는 나를 연애 상대로 생각했을 가능성이 높다. 그러나 나는 내가 고백한 그 순간부터 그녀를 결혼 상대로 생각했다. 아니, 이미 아내로 생각했다. 결혼만 안 했을 뿐. 그렇게 8월부터 사귀게 된 우리는 2학기 중에 상견례를 치르고, 겨울방학인 2월에 결혼식을 올렸다.

내가 갑자기 결혼을 선언하자 마치 폭탄이 터진 것처럼 난리가 났다. 나는 강한 반대에 부딪혔다. 결혼을 준비하는 내내 집에서, 약국에서, 교회에서 반대자들과 맞서 싸워야만 했다. 그들이 나를 볼 때 나는 아직 결혼할 준비가 안 된 철부지에 불과했나 보다. 왜 사람들이 나를 반대했을지 궁금한 사람들이 물론 있을 것이다. 사윗감을 고르는 어르신들이 다음과 같은 나를 봤을 때 어떤 판단을 내리실지 한 번 상상해 보라.

1. 모아 둔 돈도 없고, 도와줄 가족도 없는 거지
2. 오히려 부양해야 할 장애인 부모가 있는 효자
3. 역기능 가정에서 비정상적으로 성장한 애정결핍증 환자

4. 신학교에 성경 공부하러 간 초신자

5. 과거를 알 수 없는 보수적인 경상도 B형 남자

결혼적령기 딸을 둔 50대, 60대 부모라면 충분히 걱정될 만한 스펙 아닌가? 내 주변에 있는 거의 모든 사람들은 나의 결혼을 이렇게 평가했다.

성급한 결혼.

가정사역을 공부하시는 목사님은 엄마가 없고, 아버지는 정신병자인 역기능 가정에서 자란 내가 성급하게 결혼하면 이혼하게 될 것이라고 경고하셨다. 조 약사님은 신학교에 성경 공부를 하러 간 내가 성급하게 결혼한다면 초심을 잃고 신학 공부를 중도 포기하게 될 것이라고 판단하셨다. 조 약사님은 내게 크게 실망하신 나머지 약속하신 학비 지원을 중단하셨고, 한동안 나를 피해 다니셨다. 어머니는 가난한 내가 가난한 여자와 성급하게 결혼하면 가족 모두가 고생하게 될 것이라고 예견하셨다. 결국 나는 내가 기대고 싶었던 사람들에게서 그 어떤 지원도 받지 못한 채 결혼해야만 했다.

마음이 혼란스러워진 나는 누군가의 조언대로 결혼을

3년 정도 연기할까 고민했다. 나는 이 문제를 놓고 서울 자매와 상의했고, 서울 자매는 원래 우리가 계획한 대로 결혼해야 한다고 말했다. 내 마음도 그와 같았다. 그러나 교회, 약국, 가정에서 권위자들이 나를 수개월 동안 무섭게 짓누르자 점점 나는 한계 상황에 치닫고 있었다. 나는 하나님께 도움을 청했다.

"하나님, 저는 사람들을 기쁘게 하는 결혼이 아니라, 하나님을 기쁘시게 하는 결혼을 하고 싶습니다. 제가 끝까지 이겨낼 수 있도록 저에게 서울 자매를 더 사랑하는 마음을 주세요. 그리고 결혼을 준비할 돈이 하나도 없습니다. 그렇다고 빚을 질 여력도 없습니다. 주님께서 도와주십시오."

정말 하나님은 나에게 서울 자매를 더 사랑하는 마음을 주셨다. 이것은 내가 결혼에 대해 확신할 수 있도록 하나님께서 나에게 주신 두 번째 징표였다. 결혼도 하기 전이었지만 그녀는 이미 나에게 아내였고 가족이었다. 나는 나의 예비 신부에게 내 모든 걸 바쳐 사랑하고 싶었다. 그녀를 향한 무조건적인 사랑이 내 마음속에서 날마다 샘솟았다. 갑자기 그녀의 노트북이 생각났다. 1학기 어느 수업 시간, 나는 우연히 그녀의 노트북 자판을 보게 되었다. 코팅은 지저분하게 벗겨져 있었고, 자판의 글씨들은 지워져 잘 보이지도 않았다. 오래된 노트북을 쓰고 있는 그녀의 모습을 회상하자 안쓰러운 마음이 몰려왔다. 무슨 방법을 써서라도 다음 학기 시작 전에 그녀에게 새 노트북을 사 주고 싶었다. 그러나 불행하게도 나는 돈이 없었다.

천만다행. 하나님께서 도우신 게 분명하다. 집 근처 부동산 사장님이 나에게 뜬금없는 부탁을 하셨다.

"혹시 고3 수학 과외 가능하세요?"

사실 나는 고3 과외는 한 번도 해 본 적이 없었다. 자신도 없었다. 평상시 같았으면 나는 무조건 거절했을 제안이었다. 그러나 그때는 달랐다. 부동산 사장님의 그 제안은 나에게 천재일우의 기회였다. 그렇다고 내 쪽에서 먼저 급한 모습을 보이면 안 될 것 같아서 나는 약간 뜸을 들였다.

"음… 제가 할 수 있을지 확신이 서지 않네요. 일단 한 번 상담만 해 보겠습니다."

학생을 만나 보니 고3 스트레스로 인해 약간 우울증이 온 것 같았다. 그 여학생은 원래 우수한 성적을 받는 전도유망한 학생이었으나 고3이 되자 슬럼프에 빠져 헤어 나오지 못하고 있었다. 나는 먼저 그 학생에게 내 이야기를 해 주었다. 그리고 나도 해냈으니 너도 할 수 있다고 말해 주었다. 나는 그저 그 여학생에게 용기를 북돋아 주기 위해 노력했다.

일주일 뒤 학부모님이 날 보자고 하셨다. 우리는 약속을 잡고 카페에서 만났다.

"8월 한 달 동안 일주일에 2번, 2시간씩만 수학 과외 부탁드립니다."

나는 과외비가 궁금했지만 차마 송구스러워 먼저 입을

열지 못하고 끝까지 기다렸다. 학부모님은 딸의 과외비에 돈을 아끼지 않으셨다.

"100만 원 선불로 드리겠습니다."

딱 노트북을 살 수 있는 금액이었다. 나는 속으로 환호성을 질렀다. 더 이상 내게는 선택권이 없었다.

"네, 알겠습니다. 다음 주부터 방문드리겠습니다."

나는 돈을 받자마자 예비 신부에게 전화를 걸었다.

"계좌번호 좀 알려 줘."

"갑자기 무슨 일로?"

"아, 내가 저번에 네 노트북 보니 너무 낡았더라. 내가 돈 좀 부칠 테니까 이번에 새로 하나 뽑아."

"노트북이 얼마나 비싼데~"

"괜찮아. 나 한 달 동안 과외하면 그 돈 벌 수 있어."

"얼마나?"

"100만 원."

"우와······"

나의 예비 신부는 정말 자기 계좌에 100만 원이 이체 되자 놀라움을 금치 못했다. 예비 처가에서 난리가 났다.

"아니, 남자친구가 이런 것도 사 줘? 그것도 사귀자마 자? 남편도 사주기 힘든 건데…"

새 학기가 시작되기 전에 우리는 종종 만나 데이트를 하였다. 나는 여전히 배우자를 위한 저녁 금식 기도 중이 어서 저녁은 굶었다. 혹시 나 때문에 나의 예비 신부까지도 저녁을 굶을까 봐 걱정되어 물어보았다.

"나 때문에(걱정돼서) 저녁 못 먹는 거 아냐?"

"아니. 난 맛있게 먹을 수 있어."

그녀는 정말 혼자서 맛있게 먹었다. 나는 그녀가 먹는 모습을 보는 것만으로도 행복했다. 그녀는 나의 모든 것이었다. 나는 내게 있는 것 중에 그녀에게 필요한 것이라면 무엇이든 다 주고 싶었다. 그래서 나는 월급을 받을 때마다 그녀에게 편지와 함께 용돈을 주었다.

"책값이야. 이걸로 2학기 책 사."

"왜 나한테 돈을 줘?"

"그냥 주고 싶어서."

15~20만 원씩 주었었는데, 그 돈은 약국에서 받은 상

여금 또는 한 달간 모은 저녁 식비였다. 내가 자꾸 돈을 주자 나의 예비 신부는 날 '돈 헤프게 쓰는 남자'라고 생각했다고 한다. 그러나 그녀는 결혼하고 나서 남편이 자기 자신을 위해서는 돈을 한 푼도 쓰지 않는 남자라는 걸 알게 되어 깜짝 놀랐다고 내게 말해 주었다.

15
결혼을 결심한 이유

그해 2학기는 정말 눈코 뜰 새 없이 바빴다. 나는 돈을 벌기 위해 약국에서 일했고, 월급을 받으면 아버지 병원비, 어머니 용돈, 십일조, 감사 헌금을 따로 빼두었다. 그것들을 뺀 나머지가 내 용돈이 되었다. 그리고 토요일과 일요일에는 교회에서 일을 하고 예배를 드렸다. 또 교회에서 말씀을 제대로 전하기 위해서 나는 신학교에서 밤을 새며 열심히 공부했다.

2학기에는 여기에 두 가지가 더 추가되었다. 첫 번째는 연애이다. 나와 아내는 시간이 날 때마다 데이트를 했다. 카페에서 커피를 마시고, 차를 끌고 시내로 나가 맛있는 음식을 먹고, 이런저런 이야기를 나누며 신학교 주변을 산책했다.

2학기 때 추가된 두 번째는 결혼 준비이다. 역기능 가정에다 모아 둔 재산도 없는 나에게 아내는 어떻게 시집올 생각을 했을까? 아내는 여름방학 때 있었던 수련회에서 "환경이 아니라 사람을 보세요!"라는 말씀을 듣고 나와 결혼하기로 결정했다고 말했다. 누가 설교하셨는지는 모르겠지만 명설교자라고 칭찬해 드리고 싶다.

결혼 이야기가 나오자 아내는 부쩍 바빠졌다. 어느 순

간부터 카페에서도 쉴 틈 없이 결혼 준비 과정에 대해 상의해야 했다. 나는 바쁘고 피곤하다는 핑계로 세세한 결혼 준비를 아내에게 부탁했다. 지금 생각하면 너무 미안한 일이다. 아내는 혼자 준비하느라 엄청나게 힘들었을 텐데 내가 쉴 수 있도록 배려해 주었다.

"결혼 준비할 때 체크해야 할 게 너무 많아."

"어떤 것들이 있어?"

"예식장 예약, 신혼집 마련, 신혼여행 계획 짜기, 스드메(스튜디오 촬영, 드레스, 메이크업), 가구 및 가전제품 구입, 청첩장, 친구들 소개, 양가 인사 그리고……"

"또 뭐가 있어?"

"결혼 예비학교."

"아…… 그 많은 것들을 2학기 동안 다 하는 게…… 가능한 일이야?"

"응. 분담해서 하면 되지. 결혼 예비학교는 화요일 수업 다 끝나고 가면 돼."

결혼 예비학교 이야기를 했을 때 나는 뜨악했다. 정말로 놀랐다. 과제할 시간도 없는데, 하루 저녁을 결혼 예비학교에 다 쏟아부어야 하다니…… 돈도 없고 시간도 없는 내게 유명한 프로그램 수강은 왠지 어울리지 않은 사치를 부리는 것만 같았다. 진짜 집안환경은 무시할 수 없는 것 같다. 성인이 될 때까지 제대로 된 가족 외식, 가족 행사를 경험해 본 적 없던 나는 불안감을 느꼈다. 내 마음은 돈과 시간이 들어가는 형식적 절차에 면역력이 없었다. 결국 내 몸과 마음에는 알레르기 반응이 빨갛게 일어났다. 누군가의 도움이 그 어느 때보다 절실한 상황이었다. 그러나 나는 내게 구체적으로 어떤 도움이 필요한지 전혀 감을 잡지 못했다.

내가 어떻게 시험공부를 해야 할지 감을 잡지 못하는 학생이었다면, 결혼 예비학교는 쪽집게 선생님이었다.

그때 결혼 예비학교를 간 것은 정말 잘한 선택이었다. 결혼 예비학교를 수료할 무렵 아내에게 고마움을 느꼈다. 부담스러워하는 나를 끝까지 설득해 이 귀한 시간들을 선물해 준 아내가 더 사랑스럽게 느껴졌다.

풋풋한 시절의 순수했던 마음을 공개합니다.

남편이 결혼을 결심한 이유
1. 하나님의 은혜가 풍성한 가정을 만들고 싶어서
2. 나의 가정을 통해 주님의 사역을 하기 위해서
3. 평생토록 서로 아끼고 격려해 주는 배우자와 함께하고 싶어서
4. 나의 부족한 부분을 채우고 싶어서
5. 배우자의 인생에 최고의 선물이 되고 싶어서

남편이 아내와 결혼을 결심한 이유
1. 하나님께 헌신된 자매이므로
2. 하나님께서 아끼시는 자매이므로
3. 성품이 착하고 섬김이 강한 자매이므로
4. 세상에서 최고로 아름다운 자매이므로
5. 내가 사랑하는 자매이므로

아내가 결혼을 결심한 이유
1. 사랑하고 사랑받고 싶어서
2. 어려서부터 본 부모님의 사랑하는 모습이 좋아 보여서 나도 경험하고 싶어서
3. 아이를 낳아 길러 봄으로 하나님의 마음을 경험하고 싶어서
4. "생육하고 번성하라"는 말씀을 지키기 위해
5. 하나님의 사역을 평생 함께할 동역자를 얻기 위해

아내가 남편과 결혼을 결심한 이유
1. 남편의 눈빛에서 아빠가 사랑스러워하던 눈빛을 발견했기 때문에, 또한 나도 그를 사랑하기 때문에
2. 남편이 가진 하나님에 대한 열정을 발견해서 같은 비전을 품고 함께 사역할 수 있기 때문에
3. 세상을 살면서 박일섭과 같이 나에게 꼭 맞는 완벽한 남성을 다시는 만나지 못할 것 같아서
4. 신체 건강한 남성이라 나를 잘 지켜 줄 수 있을 것 같아서
5. 만나면서 마음이 편하고 하나님이 주신 사람이라는 확신이 더 강해져서

16
내 인생에서 가장 행복했던 때, 신혼여행

결혼날이 다가올수록 돈 걱정 때문에 내 마음은 점점 불안해졌다. 당장 나에게 꼭 필요한 비용은 다음과 같았다.

1. 스튜디오 촬영, 드레스, 메이크업 : 230만 원
2. 신혼여행 : 400만 원
3. 신혼집 : ????만 원

나는 내 맘에 쏙 드는 여자를 찾았다. 하나님께서 이 자매를 내게 주셨다는 확신도 강하게 들었다. 나는 무조건 결혼하고 싶었다. 마치 기적처럼 내 짝을 찾아냈다는 기쁨, 결혼에 대한 설렘, 현재의 행복은 점점 커져만 갔다. 그런데 내 재산은 포르테 차량 한 대가 전부였다. 모아둔 돈도 거의 없었기 때문에 문자 그대로 빈털터리였다. 정말 아무런 대책도 없이 내가 결혼을 약속해버렸다는 사실을 그제서야 깨달았다. 그런데 이상하게도 자꾸 결혼할 수 있을 거라는 생각이 들었다. 하나님께서 내 옆으로 내 아내를 데려다 놓으셨으니 왠지 결혼식까지는 책임져 주실 것 같았다.

스튜디오 촬영 날이 다가왔다. 아내에게 문자가 왔다.

"○월 ○일까지 스튜디오 계좌로 ○○○만 원 입금 부탁해요."

눈앞이 하얘졌다. 급할 때 내가 도움을 구할 수 있는 사람을 떠올렸다. 다행히 한 명 있었다. 용이. 나는 용이한테 전화를 걸었다.

"용아, 나 곧 결혼해."

"응. 섭아 축하해."

"진짜 미안한데 나 돈 좀 빌려줄 수 있어?"

"얼마 정도?"

"한 300만 원 정도……"

"아…… 힘들 것 같은데…… 내가 한 번 만들어볼게."

"정말 고맙다, 친구야."

전화를 받았을 때 용이는 통장에 딱 300만 원이 남아 있었고, 그 돈은 업무상 꼭 필요한 기계를 사야 하는 돈이었다. 그런데 용이는 그 기계를 포기하고 나의 부탁을 들어주었다. 용이는 얼마 뒤 전혀 예상치 못한 방법으로 그 기계를 마련하게 되었다. 짧은 시기에 서로에게 기적 같은 일이 연달아 일어난 것이다. 하나님이 용이의 선한 마음을 아시고 선물을 주신 것만 같았다. 용이는 내게 그 누구보다 고마운 친구다.

어느 날 아내에게 또 문자가 왔다.

"○월 ○일까지 신혼여행비 입금 부탁해요."

송 약사님과 나는 일주일에 한 번 책을 읽고 토론하는 모임을 갖고 있었다. 내가 책 내용을 요약하고, 나눔 질문을 준비해 오면 송 약사님은 맛있는 커피를 사주시곤 했다. 나는 모임 때마다 돈 걱정이 들면 송 약사님께 이렇게 부탁했다.

"약사님, 저 결혼해야 하는데 돈이 정말 하나도 없어요. 한 1,000만 원만 빌려주시면 안 될까요? 제가 일해서 최대한 빨리 갚을게요."

"알겠어요. 그런데 1,000만 원은 좀 힘들 것 같고요. 500만 원은 빌려드릴 수 있어요."

"네, 감사합니다."

드디어 그때가 왔다. 나는 송 약사님께 500만 원 대출을 부탁드렸다. 송 약사님은 휴대폰을 몇 번 만지시더니 순식간에 500만 원을 이체해 주셨다. 순식간에 기적 같은 일이 또 일어났다.

"송 약사님, 덕분에 신혼여행 잘 다녀왔습니다. 정말 감사했습니다."

이제 신혼집을 구할 차례였다. 나는 가족에게 도움을 청하고 싶었지만, 그럴 수 있는 가족이 없었다. 할머니는 요양원에 계셨고, 아버지는 정신병원에 계셨고, 어머니는 결혼에 반대하셨다. 혹시 할머니께서 내 결혼을 위해 준비하신 유산이 있는지 궁금해서 나는 첫째 고모에게 전화를 걸었다.

"고모, 안녕하세요."

"어, 일섭아. 웬일이고?"

"저 내년 2월에 결혼해요."

"섭아, 축하한데이~"

"근데, 고모 혹시 할머니께서 제 결혼을 위해 남겨두신 돈이 있을까요?"

"어, 일섭아. 2,000만 원 있다. 계좌번호 보내봐라. 어여 보내줄게."

"네? 감사합니다. 정말 감사합니다, 고모."

고모는 몇 시간 후에 내 통장에 2,000만 원을 넣어주셨다. 할머니는 나에게 도저히 갚을 수 없는 은혜를 베풀어주셨다. 나는 가슴 벅찬 감동을 받았다. 이때까지만 해도 할머니는 내 얼굴을 알아보셨고, 나와 짧은 이야기를 나눌 수 있었다. 지금 생각해보면 그때가 할머니께 효도할 수 있는 내 마지막 기회였다. 그러나 그때의 나는 이 중요한 사실을 알지 못했다.

내 인생에서 누군가의 도움이 가장 절실히 필요했던 세 번의 순간이 있었는데, 그때마다 나를 위기에서 구해주신 분은 바로 할머니였다.

첫 번째, 1987년 부모님이 나를 버렸을 때 58세의 할머니는 여섯 살의 손자를 거두어들이셨다. 할머니의 정성 어린 사랑을 받아 여섯 살의 손자는 스물네 살의 청년으로 성장하였다. 할머니는 내게 언제나 나를 따뜻하게 맞아주시는 분이셨다. 요즘 들어 할머니를 생각할 때 나는 이상하다고 느끼는 부분이 있다. 할머니는 내게 정말 단 한 번도 공부하라고 말씀하신 적이 없다. 대신 늘 내게 "섭아,

할매는 널 믿는다"고 말씀하셨다. 할머니, 감사해요. 할머니를 만난 건 제 인생의 가장 큰 축복이었어요. 저는 할머니의 열매예요. 훗날 천국에서 다시 만날 때 할머니와 두 손 꼭 잡고 오래오래 이야기 나누고 싶어요.

두 번째, 서울대에 합격했는데 입학금이 없어서 등록하지 못할 때 76세의 할머니는 꼬깃꼬깃 숨겨두신 비상금 300만 원을 꺼내주셨다. 아버지는 그 돈을 자기에게 달라고 했지만, 할머니는 손자인 나에게 주셨다. 할머니는 내가 서울에서 새 출발할 수 있도록 문을 **활짝** 열어주셨다. 나는 입학금 이상을 가족들에게 바라지 않았다. 나머지는 온전히 내가 감당해야 할 내 몫이었다. 나는 할머니의 귀한 300만 원을 헛되게 쓸 수 없었다. 나는 최선을 다해 공부했고, 최우등으로 졸업했다. 나의 서울대 합격과 우수한 성적은 주위 사람들로 하여금 할머니를 칭찬하고 부러워하게 했다. 심지어 새벽기도 시간에는 담임목사님이 공개적으로 할머니에게 축하 메시지를 전하기도 했다. 그때마다 할머니는 활짝 웃으셨다. 이렇게나마 내가 효도할 수 있었음에 나는 정말 감사하다.

세 번째, 결혼 날짜는 잡혔는데 돈이 없어 신혼집을

구하지 못할 때 81세의 할머니는 큰고모를 통해 내게 2,000만 원을 전달하셨다. 나는 할머니의 도움 덕분에 원룸을 벗어나 3,200만 원짜리 전셋집에서 신혼살림을 꾸릴 수 있었다. 내 아내는 어떻게 이렇게 좋은 집을 구했냐며 좋아했다. 그 신혼집에는 깨가 쏟아졌으며, 첫째 아들 예성이가 태어났다. 비록 전세 3,200만 원짜리 누추한 집에 불과했지만, 거기서 살았던 때를 떠올리면 행복했던 기억밖에 나지 않는다.

나는 나에게 할당된 미션을 간신히 완수할 수 있었다. 이제 남은 것은 나의 능력이 닿지 않는 영역에 있었다. 내 결혼식에 숨겨진 히든 퀘스트는 아버지와 어머니의 만남이었다. 내가 알기로 아버지, 어머니는 이혼 후 약 25년 동안 한 번도 만나신 적이 없었다. 아버지는 어머니와의 이혼 후 매일 술을 드시다가 알코올에 중독되었고, 결국에는 조현병까지 걸렸다. 나는 걱정이 되었다.

> "아버지가 어머니를 만난 후 올라오는 감정을 주체하지 못해 폭발하시면 어떡하지? 과연 아버지가 결혼식 내내 조용히 앉아 계실 수 있으실까?"

최악의 경우 결혼식이 중단될 수도 있는 큰 문제였지만, 그렇다고 내가 걱정한다고 해결될 일도 아니었다. 나는 모든 것을 하나님께 맡기기로 했다. 만약 이런 일로 결혼이 취소된다면, 그것 또한 어쩔 수 없는 일이라 생각했다. 왜냐하면 결혼생활 중에 분명히 사고는 터질 수밖에 없기 때문이다. 내가 아는 아버지는 언제든지 어디에서나 사고 칠 수 있는 위험 인물이었다. 나는 평생 아버지가 술 마시고, 때리고, 도박하고, 사기당하고, 자해하고, 자살 시도하는 모습을 지켜봐 왔다. 내 경험을 바탕으로 계산했을 때, 내 결혼식 때 아버지가 어머니를 보고 폭발해서 싸우거나 자해를 시도할 확률은 20% 내외였다. 나는 그 불행한 20%의 가능성은 전혀 생각하지 않기로 했다. 아니, 나는 80%의 행복에 집중하기로 했다. 결혼한다는 생각만으로도 자신감으로 충만하고, 가슴이 벅차올랐다. 너무 행복해서 도무지 나쁜 생각은 할 수도 없었다.

　결혼식 전 마지막 약국 근무를 마치고 나는 부천에 있는 처갓집으로 갔다. 아침 일찍 메이크업을 받기 위해 강남에 있는 미용실로 가야 했으므로 한곳에 모여 있는 게 여러모로 좋았다. 마음 같아서는 한걸음에 원주에서 부천으로 달려가고 싶었지만, 몸이 이상했다. 운전하는 내내 머리는 아팠고, 눈꺼풀은 자꾸 내려오고, 등에서는 식은땀이 흘러내렸다. 이러다 곧 사고가 날 것 같아 문막휴게소로 들어가 아내에게 문자했다.

"나 너무 피곤해서 문막휴게소에서 30분만 자고 갈게."

수많은 사람들의 반대와 결혼비용 마련이라는 장애물을 넘어 가까스로 결혼식장 문 앞에 다다른 나는 축제가 시작되기 전에 이미 탈진해 버렸다. 아내는 이때 처음으로 남편의 건강에 대한 염려가 생겼었다고 말했다. 나는 신혼여행 중에도 식은땀을 흘리며 잠을 잤다. 아내는 그런 내 모습을 보며 마치 환자 같다고 느꼈을 것이다. 이때 아내는 "남편을 부실한 놈으로 잘못 고른 게 아닌가?"라고 진지하게 고민했었다고 한다. 6개월간의 팽팽했던 긴장의 끈이 풀어지면서 내 몸도 동시에 힘이 풀려버렸던 것 같다.

결혼식장에는 가족들, 친구들, 양쪽 교회 성도들, 직

장 동료들이 많이 참석해서 우리의 결혼을 축하해 주셨다. 아버지와 어머니는 서로 옆자리에 앉으셨지만 한마디도 나누지 않으셨다. 나는 아버지가 어떤 반응을 보이실까 조마조마했다. 원주교회 조 약사님은 결혼 당사자인 나 이상으로 걱정이 되셨나 보다. 조 약사님은 결혼식장에 오셔서 인사하신 후 어딘가로 사라지셨다. 나중에 알고보니 조 약사님은 아버지가 무탈하게 결혼식 행사를 마치실 수 있도록 결혼식 내내 기도하고 계셨다고 한다. 그때나 지금이나 참 고마운 분이다.

정말 기적 같은 일이었다. 내가 결혼식의 (서브)주인공인 신랑이 되는 것도, 아버지와 어머니가 한곳에 모여 같이 앉아 계신 것도, 1시간 30분이나 걸린 결혼식 내내 아버지가 마음의 울분을 참아내신 것도, 모두 다 기적 같은 일이었다.

나는 마냥 행복했다. 신혼여행지는 태국이었다. 태어나 처음으로 가보는 태국이었지만, 사실 내게 장소는 중요하지 않았다. 나와 아내 단둘이, 그것도 방해하는 사람 없이 함께 있을 수 있다는 것만으로도 나는 행복했다. 지금까지 살면서 가장 행복했던 때가 언제냐고 내게 묻는

다면 나는 아무 망설임 없이 이렇게 대답할 것이다.

"신혼여행이요."

사실 첫째가 태어날 때도 엄청 행복했었지만, 그것도 결혼을 했기 때문에 느낄 수 있었던 행복이었다. 결혼은 내가 오랫동안 꿈꿔왔던 사랑이자 반드시 내가 이루고 싶었던 사명이었다. 태국으로 가는 비행기 안에서 나는 비로소 해방감을 맛보았다. 그리고 불가능해 보였던 목표를 이룬 성취감을 느꼈는데 마치 올림픽에서 금메달이라도 딴 것 같은 기분이었다.

내 인생의 보석인 아내는 나에게 금두꺼비 같은 두 보물까지 안겨주었다. 임신해서 아내의 배가 만삭이 되었을 때에도 나는 여전히 아이 같았다. 첫째가 태어난 뒤에도 나는 여전히 아이 같았다. 물론 지금도 나에게 아이 같은 면이 많다. 남편이 이렇게까지 부족한 줄 알았더라면 아마 아내는 나와 결혼하지 않았을 것이다. 이 모든 것이 부족한 나와 결혼해 준 아내 덕분이다.

17
아들아, 아빠가 미안해

임신과 출산을 생각하면 꼭 생각나는 에피소드가 몇 가지 있다.

(1) 복숭아 에피소드

나는 오직 신앙생활만 열심히 하면 가정이 행복할 거라 믿었다. 그래서 매일 새벽에 일어나 성경을 읽고 기도했고, 퇴근 뒤에도 성경책이나 인문학 서적을 읽었다. 모든 예배에 적극적으로 참여했으며 주일학교, 학생부, 성가대, 약국 전도까지 힘껏 섬겼다. 아내가 임신한 뒤에도 이 믿음은 변함이 없었다. 신앙생활만 열심히 하면 하나님께서 아내와 아기의 건강을 지켜주시고 우리 가정을 화목하게 해 주실 것이라 확신했다.

그런데 믿음만으로는 지혜로운 사랑을 대신할 수 없었다. 첫째가 뱃속에 있을 때, 아내가 갑자기 복숭아가 먹고 싶다고 했다. 어렵게 복숭아를 구해 저녁에 정성스럽게 깎아 조각조각 접시에 담았다. 하지만 나는 책을 읽으며 아내가 내어놓는 대로 무심히 집어먹었고, 어느새 접시는 텅 비어버렸다. 아내가 포크를 들었을 땐 이미 남은 것이 하나도 없었다. 아내는 뱃속 아기와 함께 눈물을 쏟

앉고, 그 순간 나는 큰 잘못을 깨달았다. 지금도 첫째 아이가 과일만 보면 유난히 좋아하는 걸 보면, 그때의 일이 아이의 마음에도 흔적을 남긴 게 아닌가 싶다.

이 사건은 내게 신앙만으로는 가정을 지킬 수 없음을 일깨워 주었으며, 복숭아가 나오는 계절이 될 때마다 회자되는 이야기다. 모든 남편들은 기도와 섬김 못지않게, 아내의 마음을 살피고 작은 기쁨을 나누는 것이야말로 가정을 화목하게 하는 길임을 명심해야 한다.

(2) 자두 에피소드

2012년, 아직 자두가 비쌀 때였다. 어느 주일 오후 우리 부부는 무엇인가를 사기 위해 하나로마트에 들어갔다가 우리가 찾던 그 물건이 없어서 그냥 나온 적이 있었다. 그때 아내는 임신 중이었는데, 매대에 진열된 자두를 보고 먹고 싶어했다.

"자두 먹고 싶다."

"얼만데?"

"2개 5,000원이야."

"너무 비싸."

나는 2개 5,000원짜리 자두를 사 달라고 하는 아내에게 짜증을 냈다. 나는 속으로 이렇게 생각했다.

'우린 둘 다 가난한 신학생인데, 아버지 병원비도 내야 하고, 헌금도 해야 하고, 학생부 사역도 해야 하고, 책도 사야 하고, 학비도 내야 하고… 돈 쓸 데가 얼마나 많은데 자두 2개를 5,000원 주고 사 먹는 게 말이 돼?'

그렇게 자두를 내려놓고 집으로 돌아왔는데 그날 저녁 원주교회 김집사님이 우리집으로 찾아오셨다. 마트에 갔는데 자두가 보여서 내 아내가 생각났다고 하시면서 주시는데 우리가 내려놨던 2개 5000원 짜리가 아니라 3개 7500원짜리 자두가 들어있었다. 아내는 그 자두를 받아들고 많이 울었다. 그리고 감사한 마음으로 맛있게 먹었다.
어휴… 내가 만약 타임머신을 타고 그때로 다시 돌아

갈 수만 있다면, 제일 맛있는 자두를 한 박스 사 들고 가서 나 자신에게 꿀밤을 한 대 먹여 주고 싶다. 그리고 이렇게 말해 주고 싶다.

"뭣이 중한디?"

(3) 분유 에피소드

첫째 아들 예성이는 태어나 처음 사흘을 산부인과에서 지냈다. 엄마의 모유도 먹었지만, 새벽에는 병원에서 주는 분유도 먹었다. 거기까지는 아무 문제 없었다. 그런데 퇴원할 때 병원비를 정산하는 과정에서 1,800원이라는 금액이 선뜻 이해되지 않았다. 분유 비용이 1,800원 나왔는데, 도대체 내가 왜 이 돈을 내야 하는지 납득할 수 없었다. 옆에서 기다리던 아내가 참다못해 한마디 했다.

"여보, 계산 안 하고 뭐해?"

"어… 계산해야지… 근데 1,800원 이건 뭐지?"

"당신 아들이 먹은 분유 값이잖아!"

"아… 맞다. 이제 이것도 내가 내야 하는 거지?"

"당연한 걸 왜 그래?"

그전까지 나는 스스로를 아내의 보호자라고만 생각해 왔었다. 남편의 정체성은 있었지만, 부모의 정체성은 없었던 상태였다. 나는 무엇이든지 마음의 준비가 꼭 필요한 사람이다. 그리고 마음의 준비에 좀 오랜 시간이 걸린다. 자녀가 막 태어난 이 순간까지도 나는 아빠가 되는 마음의 준비를 끝내지 못했던 것이다. 아니, 시작하지도 못했던 것 같다.

내게는 이 1,800원이 아빠로서의 출발을 알리는 신호탄이 되었다. 아빠가 된다는 것은 내가 지금 성취하길 원하는 여러 가지 것들을 내려놓는 것을 의미했다. 아빠로서의 삶을 선택하는 대신, 무엇인가는 포기해야만 했던 것이다. 고맙게도 아내는 남편의 이런 미성숙한 부분까지도 이해해 주었다.

그날 이후 분유는 나에게 일종의 트라우마가 되었다. 나는 분유를 쳐다볼 때마다 산부인과에서 있었던 1,800원 사건이 생각났고, 부끄러웠다. 그래서 난 아들들의 분유를 단 한 번도 타 준 적이 없다. 아내에게 고개 숙여 미안하다는 말을 전하고 싶다.

(4) "아들아 미안해" 에피소드

아내는 산후조리를 위해 집이 있는 원주를 떠나 시흥까지 갔다. 시흥에 있는 한 산후조리원의 비용이 가장 저렴했기 때문이다. 아내는 가난한 형편을 탓하지 않았다. 그녀는 기쁨으로 갓난아기와 함께 허름한 여관 같은 곳에서 2주가량 머물렀다. 그것마저도 부담되었던 아내는 산후조리원을 나와 처형네에서 잠시 신세를 졌다.

철없는 남편은 한 달 동안 원주에서 자유를 만끽했다. 처음에는 조금 경건하게 성경책을 읽었지만, 시간이 조금 흐른 뒤부터는 읽고 싶었던 인문학 서적을 마음껏 읽었다. 『삼국지』, 『수호지』, 『토지』, 『태백산맥』, 『로마인 이야기』를 다 읽었다. 그리고 심심할 때마다 일본 애니메이션 〈원피스〉를 보았다.

시간이 갈수록 아내의 빈자리가 그리웠다. 아들의 얼굴이 그리웠고, 내 팔뚝 하나 크기밖에 되지 않는 그 녀석을 내 어깨 위에 올려놓고 재우고 싶었다. 마음 약한 남편이 우울증에 걸릴까 봐 아내는 집안 곳곳에 자신의 흔적을 남겨 놓았다. 침실, 거실, 식탁, 책상, 심지어 화장실에까지 아내의 따뜻한 마음이 느껴지는 포스트잇을 붙여 놓았던 것이다. 나는 일부러 그 포스트잇을 떼지 않고 그대로 두었다. 온 집안에 아내의 온기가 느껴지도록. 아내와 아기가 보고 싶을 때마다 아내의 편지를 읽고 힘을 낼 수 있도록.

2013년 1월, 내 생일에 맞추어 아내와 아기를 보러 처형네에 놀러 갔다. 첫째 아들은 그새 또 큰 것 같았다. 작은 방에서 작은 이불을 덮고 있을 뿐인데 아기가 너무 작아 마치 킹사이즈 침대처럼 크게 보였다. 나와 아기 단둘이 있을 때, 나는 아기 앞에 엎드려 많이 울었다. 부족한 내가 아빠인 게 아기에게 너무너무 미안했다.

"아들아, 아빠가 미안해."

내가 좋은 아빠가 될 수 있을지 도무지 자신이 없었다. 어떻게 해야 할지 가늠이 되지 않았다. 앞날이 두렵고 막막했다. 부모가 된다는 것은 자녀에게 미안함을 느끼는 것일까? 왜 미안함을 느꼈던 것일까? 아마도 내 인생의 우선순위가 뒤바뀌는 고통과 혼란스러움 때문이었던 것 같다. 아빠가 된 이후 나는 나 자신보다 내 아들을 더 사랑하게 되었다.

18
일섭아, 네 아비를 부탁한다

할머니는 내 아들이 태어난 뒤 얼마 되지 않아 내 얼굴을 알아보지 못하셨다. 그때 내 마음은 무너져 버렸다. 나는 가족들 앞에서 크게 내색하지 못한 채, 마음속으로 많이 울었다. 내 마음속에서 내가 기억하는 어릴 적 그 할머니는 돌아가셨다.

"섭아~ 어여 와서 밥 무라~"라고 말씀하시며 내 이름을 불러주셨던 그 할머니는 돌아가셨다. 이제 내 눈앞에는 마음이 소녀처럼 어려진 할머니가 앉아 계셨다.

할머니는 나에게 "아저씨"라고 부르셨다.

"아저씨, 저 차비 좀 줄소. 집에 가야 하는데 차비가 없어예. 차비 좀 줄소, 예?"

할머니는 간절한 눈빛으로 나를 쳐다보며 애원하셨다. 나는 할머니 손에 만 원짜리 지폐 한 장을 쥐어 드렸다. 할머니는 세종대왕의 얼굴을 보시고는 그 어느 때보다 더 환하게 웃으셨다.

"아이고, 이 큰 돈을… 아저씨 고맙십니더. 아저씨 고맙십니더."

할머니는 계속해서 고개를 숙이며 내게 인사하셨다. 고작 만 원 때문에……

내 마음은 완전히 무너져 내렸다. 나는 엉엉 울었다. 할매…… 당신이 내게 베푸신 은혜가 얼마나 큰데…… 고작 만 원 때문에 이렇게 기뻐하십니까? 고작 만 원 때문에 고개를 숙이며 감사하십니까? 아무것도 할 수 없는 내 자신이 원망스러웠다.

나중에 내 마음이 진정되었을 때 내 머리를 스쳐 가는 한 가지 생각이 있었다.

"그렇다면 할머니가 지난번에 내게 하신 그 말씀이 유언이 되는 건가?"

말의 무게는 그 사람의 진정성에 있고, 말의 영향력은 그 사람이 베푼 은혜에 비례한다. 진정성이 없는 사람의 말은 무게가 없는 언어, 즉 허언이다. 무게가 없는 말은 내 삶에 영향을 미치지 못한다. 그리고 은혜를 베푼 사람의 말은 구속력이 있다. 은혜를 받은 자는 당연히 은혜를 갚을 의무가 있기 때문이다. 은혜가 크면 클수록 당연히 영향력도 더 커진다.

  그렇다면 할머니의 유언, 그것은 내게 얼마만큼의 무게감이 있을까? 얼마만큼의 구속력이 있을까? 아, 나는 그것을 감히 계산할 수도 없다. 나는 할머니의 헌신이 아니었다면 고아원으로 갈 수밖에 없었다. 할머니가 내게 착하고 부드러운 심성을 물려주시지 않으셨다면, 아마 나는 크게 엇나갔을 것이다. 할머니가 나를 주일학교로 데려가시지 않으셨다면 나는 하나님을 알지 못했을 것이다. 할머니가 나에게 입학금을 주시지 않으셨다면 나는 대학교 입학을 포기했을 것이다. 할머니가 2천만 원을 주시지 않으셨다면 나는 신혼집을 마련하지 못했을 것이다. 할머니가 나를 끝까지 믿고 지지해 주시지 않았다면 나는 그 어떤 일도 시작하지 못했을 것이다.

  나는 무조건 할머니의 유언을 행하기로 결심했다. 손자로서 마지막까지 도리를 다하고 싶었다. 할머니는 이 모든 것을 다 아셨을까? 할머니는 당신의 이 말이 유언이 될 줄 미리 아신 것처럼 의미심장한 말을 내게 하셨다.

  "일섭아, 네 아비를 부탁한다."

할머니는 당신의 아들을 내게 부탁하셨다. 할머니의 유언은 나의 급소를 찔렀다. 내 마음은 너무 아팠다. 아버지는 어릴 때부터 나를 괴롭힌 원수 아닌가? 할머니는 내게 원수를 사랑하라고 말씀하시고 계셨다. 나는 이 유언을 거부할 수 없다. 평생 이 유언은 내 삶을 구속하며 나를 따라다닐 것이다. 나는 결국 항복했다.

"네, 할머니. 제가 당신의 아들을 끝까지 책임질게요."

장인어른의 병환으로 우리 가족이 일산으로 이사한 뒤에도 신학교 시절부터 늘 그래왔듯이 나는 아버지의 병원비를 내었고, 주기적으로 아버지를 방문해 드시고 싶어 하시는 음식을 사 드렸다. 그러다 아버지가 정신병원을 탈출하시면 아내와 함께 대구로 출동해 아버지를 붙잡아 다시 병원에 입원시켰다. 손자들은 할아버지를 만나면 손을 잡고 함께 걸었으며, 헤어질 때면 할아버지에게 달려가 꼬옥 안아 드렸다. 아들들이 태권도를 배운 뒤에는 할아버지 앞에서 태권도 품새 시범도 보여 드렸다. 할아버지는 손자들을 신기하게 쳐다보며 귀여워했다.

19
하나님, 아버지를 살려 주세요

2021년 4월 초 목요일 새벽, 갑자기 누군가 현관문을 계속 두드렸다. 인터폰 화면을 보니 아버지와 고모 그리고 캐리어가 보였다. 시계를 보았다. 새벽 1시가 다 되어 가고 있었다. 급한 마음에 나는 같은 아파트 단지에 살고 계셨던 교회 전도사님께 전화를 걸었다. TV를 시청하고 계셨던 전도사님은 장난전화이거나 잘못 눌려진 성도의 전화라고 생각해 일부러 전화를 받지 않으셨고, 콜백도 하지 않으셨다.

아이들은 자고 있었고, 아내는 공포에 질린 표정이었다. 나는 결단을 내려야만 했다. 나는 112로 전화해 경찰을 불렀다. 경찰이 도착했을 때 나는 가방을 메고 바깥으로 나갔다. 경찰은 우리에게 가족 간에 벌어진 일이니 잘 해결하라고 말했다. 나는 아버지와 고모를 내 차에 태우고 대구로 향했다.

당시 아버지는 정신병원 원장과 정신병원 원장 가족이 운영하는 매점에 500만 원을 빚지고 있었다. 나는 대구에 계신 고모님께 전화 드려 "절대 그 빚을 대신 갚아 주면 안 된다"고 신신당부했다. 왜냐하면 내가 그동안 아버지의 빚을 갚거나 돈을 드릴 때마다 더 큰 문제가 발생했었기 때문이었다. 나는 대구로 내려가는 차 안에서 고모에게 질문했다.

"아버지가 빚도 안 갚았는데 어떻게 병원에서 나올 수 있었어요?"

"내가 할머니 이름으로 나오는 보조금으로 갚았어."

나는 태어나 처음으로 고모에게 화를 냈다.

"내가 절대 갚지 말라고 했잖아요. 그 돈 안 갚았으면 이렇게 병원 탈출하는 일도 없었을 텐데요."

"다른 고모들이 아버지를 너에게 보내자고 했어."

나는 아버지에게 질문했다.

"아빠가 일산으로 올라오고 싶어했어요? 아니면 대구에 있고 싶은데 고모가 시켜서 올라온 거예요?"

"고모가 시켜서 올라왔다. 나는 대구에 있는 게 여러모로 좋다."

"아빠, 제가 신혼여행 다녀와서 대구 가족에게 찾아갔을 때 어떤 분이 저한테 배신자라는 뉘앙스로 말했어요. 엄마와 연락하고 지낸다고. 결혼식장에 데려왔다고. 그리고 결혼식 축의금까지 대구에서 관리한다고 가져가셨어요. 그러니 아빠가 대구에 남고 싶으시면 대구에 계세요."

나는 어쩔 수 없이 아버지에게 예전에 있었던 일을 말씀드렸다. 아버지와 고모는 그때부터 아무 말씀이 없으셨다. 나는 밤새워 운전하여 대구까지 가서 고모를 집 앞에 내려 드리고, 아버지와 함께 국밥을 먹으러 갔다. 아버지는 아침이 되면 꼭 병원에 들어가겠다고 약속하셨고, 나는 그 약속을 믿고 일산으로 올라갔다.

아버지의 병원 재입원은 생각보다 쉽지 않았다. 얼마 전 정신병원 수용 인원에 관해 새로운 법이 적용되면서 대부분의 정신병원 입원 병동이 과포화 상태가 되어 버린 것이었다. 결국 다시 예전에 있었던 B병원으로 되돌아갈 수밖에 없었다. 나는 B병원이 마음에 들지 않았지만, 아버지는 상대적으로 외출이 자유로운 B병원을 가장 좋아하셨다.

두 달 뒤 6월 초, 다가오는 주일에 교회 체육대회가 예정되어 있던 토요일 새벽, 모르는 전화번호로 전화가 걸려왔다.

"여보세요?"

"네. OOO님 보호자시죠? 여기 경북대병원입니다. 지금 수술해야 하는데, 보호자가 필요합니다."

나는 대구에 계신 큰고모에게 전화를 해서 일단 아버지를 부탁드렸다. 큰고모는 감사하게도 동생인 아버지에게 달려가 간병해 주셨다. 나는 잠을 청한 뒤 밥을 든든히 먹고 마음을 단단히 먹었다.

"아버지가 성기를 절단하셨습니다."

"네??? 뭐라고요?"

"병원에서 출혈이 너무 심해 경북대 응급실로 바로 왔어요. 거의 끊어지기 일보 직전입니다. 빨리 봉합 수술을 해야 해요."

대구로 내려가는 기차 안에서 계속 환청이 들리는 것만 같았다. 내 두뇌는 브레이크가 걸린 것처럼 아무 생각도 하지 못했다. 내 머릿속은 백지장처럼 하얗게 질려 버렸다. 이 상황에서 내가 할 수 있는 것은 아무것도 없었다. 나는 하나님께 기도드렸다.

"하나님, 아버지를 살려 주세요. 수술 및 치료가 성공할 수 있도록 도와주세요. 상처가 곪거나 썩지 않도록 지켜주세요."

기도드리는 것도 힘에 겨워 그만두었다. 갑자기 비관적이고 부정적인 생각들이 떠올랐다. 또다시 아버지로 인해 우리 가족이 부서질까 두려웠다. 나는 가방에서 책을 꺼냈다. 대구로 내려가는 1시간 30분 동안 『레미제라블』을 읽었다. 장발장이 모든 것을 잃을 각오를 하고 법정으로 달려가 스스로의 정체를 밝히는 장면에서 소름이 돋았다. 장발장은 절망에 휩싸인 나에게 힘을 주었다. 나도 장발장처럼 해야 한다는 생각이 들었다. 나는 장발장으로부터 '비싼 대가를 지불하더라도 옳은 일을 해야 한다'는 진리를 배웠다.

아버지는 위험한 정신병원 출신이기 때문에 아무도 없는 독방에 갇혀 특별히 관리되고 있었다. 가까이 가서 아버지를 자세히 보니 팔다리와 온몸이 끈으로 포박당한 상태였다. 의료진들은 아버지를 무서워하였다. 나는 그들을 충분히 이해할 수 있었다.

아버지는 B병원 입원 치료와 경북대 응급실 치료를 반복해서 받으셨다. 아버지가 응급실로 가실 때마다 나는 대구로 내려가야만 했다. 나는 퇴근하자마자 대구로 내려가서 첫 기차를 타고 일산으로 올라와 출근했다. 잠은 기차역 대기실과 KTX기차 안에서 잤다.

처음에는 아버지의 상처가 까맣게 썩어 들어갔다. 나는 고름을 제거하기 위해 의료용 거머리까지 20만 원 주고 사서 병원 냉장고에 넣어 두었지만 아무 소용이 없었다. 경북대병원에서도 더 이상 희망이 없다고 말했다. 우리가 마지막으로 갈 수 있는 곳은 화상 전문병원밖에 없었다.

나는 일단 아버지를 경북대병원에서 퇴원시켜 B병원에 모셨다. 퇴원하는 과정에서 용이가 많이 도와주었다. 정말 고마웠다. 나는 B병원에 아버지의 치료를 부탁한 뒤 일산으로 올라가 근방의 병원들을 알아보기 시작했다. 일산에서는 아버지를 치료할 마땅한 병원을 찾기가 힘들었다. 그래서 일산에 있는 정신병원까지 알아보았으나, 고위험군 환자인 아버지를 받아 주는 병원은 한 군데도 없었다. 나는 일산 집 근처에 있는 원룸을 임대해 아버지를 모실까 고민해 보았지만, 주변 사람들이 만류했다. 아버지께 그 사실을 말씀드리니 아버지는 본인이 꼭 대구에 남아 있고 싶다고 말씀하시며 내 마음을 편하게 해 주셨다.

얼마 후 아버지께 전화드리니 상처가 치료되었다고 말씀하셨다. 기적이 일어났다. 나는 성경에서 읽었던 그 기적을 실제로 경험했다. 나는 하나님께 감사의 기도를 올려드렸다. 앞으로의 아버지 인생에 몸을 자해하는 일이 다시는 없길 간절히 기도했다.

20
채소를 먹으며 서로 사랑하는 것

"채소를 먹으며 서로 사랑하는 것이 살진 소를 먹으며 서로 미워하는 것보다 나으니라." (잠언 15:17)

결혼을 결정할 권한은 결국 예비 신랑과 신부, 두 사람에게 있다. 주변에서 조언과 충고는 얼마든지 할 수 있지만, 그 선택에 대한 책임은 온전히 당사자의 몫이다. 나 역시 모두가 지켜보는 자리에서 아내에게 평생 사랑하고 섬기겠다고 약속했다. 결혼식은 단순한 의식이 아니라 내 삶의 항로를 바꾸는 분수령이었다. 그리고 곧 깨달았다. 결혼이라는 문턱을 넘는 것보다 더 어려운 일은, 그 이후 화목한 가정을 지켜내는 일이었다는 것을.

가정은 작은 공동체이자 내 인생의 사역터였다. 그러나 현실에서 부모님은 나의 든든한 동역자가 되어주지 못했다. 아버지는 생활의 짐을 내게 떠넘기셨고, 어머니와의 거리는 점점 멀어졌다. 그래서 나의 진정한 동료는 아내 한 사람뿐이었다. 아내는 나를 신뢰했고, 두 아들을 품에 안겨 주었다. "화목한 가정"은 평생 내 기도 제목이자 꿈이었는데, 아내와 아이들은 그 기도의 응답이었다.

그러나 가장의 자리에는 설렘과 두려움이 함께 찾아왔다. 준비되지 않은 채 막막하게 맞닥뜨린 자리였지만, 하나님께서 주신 선물을 외면할 수는 없었다. 나는 두 가지를 결심했다. 첫째, 지혜를 구하는 일. 새벽마다 말씀을 읽고 기도하며, 틈틈이 책을 읽어 마음의 근력을 세우고자 했다. 둘째, 십자가를 지는 일. 가장이 된다는 것은 곧 희생을 의미했다. 아버지 병원비로 월급의 30%를 지출했고, 빠듯한 살림에 아내가 힘들어할 때가 많았다. 내가 책을 지나치게 사서 재정이 더 어려워졌던 날, 아내가 조심스럽게 메일로 마음을 전한 적도 있었다. 그럴 때마다 나는 미안한 마음을 품고 점심값을 아껴 아이의 작은 장난감을 사주었다. 하루 만에 부러져 버린 장난감이었지만, 그날 아이의 웃음은 오래도록 내 마음을 환하게 했다.

그럼에도 한계는 있었다. 성실히 버티면 평화가 따라올 줄 알았다. 하지만 어느 날 집 안에 생긴 작은 균열을 보며 난 깨달았다. 오래 참는 것이 사랑의 전부가 아니라는 사실을. 성경이 말하는 사랑은 "오래 참고"에 머물지 않고, 동시에 "불의를 기뻐하지 않는 것"이기도 했다.

나는 가정을 하나의 작은 나라로 상상해 보았다. 나라에 질서가 필요하듯, 가정에도 권위와 책임이 필요했다. 그러나 나는 '낮아짐'만 강조한 나머지, 가장으로서 방향을 제시하는 책임을 소홀히 했다. 신앙의 문제는 교회에, 생활의 세부는 아내의 원가족에 맡기며 스스로 권위의 자리를 비워 두었던 것이다. 의도는 순수했으나 결과는 불안정했다. 내가 비운 자리는 자연히 다른 목소리들로 채워졌다.

이사 후 우리의 생활 반경이 달라지면서 아내는 원가족과 더 많은 시간을 보냈고, 신앙과 육아, 살림의 기준도 점차 그들의 방식으로 기울었다. 그 과정에서 내 마음에 작은 의문들이 싹텄다. 때로는 교회와 가족의 경계가 흐려지는 듯했고, 사소해 보이지만 쉽게 사라지지 않는 마음의 응어리들이 생겼다. 그때 나는 정답을 단정하지 않고, 그저 내가 이렇게 느끼고 있다는 사실부터 기록해 두었다.

결정적으로, 공동체 안에서 일어난 한 사건은 내 마음의 의심을 분명한 질문으로 바꾸었다. 도움을 넉넉히 받던 한 사람이 범죄를 저질러 조사를 받게 되었는데, 그를 대하는 몇몇 어른들의 태도가 내 기준과 달랐던 것이다. 나는 은혜와 책임은 반드시 함께 가야 한다고 믿었기에, 이 일을 계기로 가정의 권위를 다시 안으로 회복해야겠다고 결심했다.

아내와는 여러 밤 대화했다. 단정적인 말 대신 맥락을

설명했고, 아내는 묵묵히 듣고 고민했다. 때로는 목소리가 격해지기도 했고, 때로는 서로 지쳐 주저앉아 울기도 했다. 그러나 결국 우리를 붙든 것은 말씀과 기도였다. 새벽에 함께 무릎 꿇고 각자의 잘못과 두려움을 내려놓을 때, 마음의 얼음이 서서히 녹아 내렸다.

물론 상처가 전혀 없었던 것은 아니다. 어떤 관계는 그 자리에서 멈춰야 했고, 아이들에게도 사실을 설명해야 했다.

"익숙한 얼굴들과 자주 못 놀게 돼서 아쉬워요."

"같이 베이블레이드를 하고 싶었는데……"

울먹이는 아이들에게 아내는 이렇게 말했다.

"엄마가 너희들을 많이 못 챙긴 것 같아. 미안해."
나는 덧붙였다.

"아빠가 지켜낼게. 우리 함께 다시 잘해 보자."

그날 나는 아내의 용기를 보았다. 더 귀한 가치를 위해 오래 붙들던 것을 내려놓는 용기. 그리고 내 역할의 빈자리를 보았다. 처음부터 분명한 기준으로 가정을 이끌었더라면 돌아가지 않아도 될 길이 있었을 것이다. 후회는 남았지만, 동시에 배움도 남았다.

우리는 값비싼 수업료를 치렀다. 그러나 마침내 알게 되었다. 우리가 찾던 화목은 어디선가 돈을 지불하고 사 입는 완성된 기성복이 아니라, 이미 우리에게 입혀주신 하나님의 맞춤복이었다는 것을. 그 맞춤복을 입기 위해 지불해야 할 비용은 돈이나 성취가 아니라, 그저 하나님의 사랑만으로 만족하고 즐거워하는 순전한 마음이었다.

이를 통해 나는 세 가지 응답을 받았다고 믿는다.

- 관계의 중심을 다시 '우리'로 맞출 수 있었고,
- 예배의 자리를 건강한 공동체로 옮길 수 있었으며,
- 가장의 권위도 책임과 배려 위에서 조금씩 회복되고 있다.

사막 같던 자리에도 강이 흐른다. 그래서 요즘은 이렇

게 기도한다.

"화목을 주세요."가 아니라, "주님 안에서 우리가 스스로 화목을 일궈가는 가정 되게 하소서."

그 사건 이후 우리는 교회를 옮기게 되었고 행신교회에 출석하며 사랑받고 사랑을 베풀며 지내고 있다. 우리 가족이 똘똘 뭉쳐 신앙 생활을 하고 사랑방 식구들과도 돈독하게 지내는 지금이 하나님께서 나에게 베푸신 큰 은혜이며 선물이 아닐까 싶다.

21
돈의 시간에서 사랑의 시간으로

2017년 봄, 약국의 영업 시간을 정하기 위해 아침 일찍부터 새벽까지 일해보기로 했다. 언제 손님이 가장 많이 오는지 파악하는 게 시간대를 정할 때 큰 도움이 될 것 같아서였다. 나는 막무가내로 아침 8시 30분에 약국에 출근해서 새벽 1시까지 일해보았다.

아침 8시에 집에서 나온 이유는 예전에 문전 약국에서 근무약사로 일할 때 항상 그 시간쯤에 나왔기 때문이고, 새벽 1시까지 남아있었던 이유는 인근 약국이 그 시간까지 영업했기 때문이다. 08:30~01:00이라는 긴 영업시간을 오롯이 혼자 감당하려 했으니, 그때는 정말 단단히 미쳤던 것 같다. 아직 30대 중반으로 젊었고, 어떻게든 살아남아야 한다는 절박감이 나를 워크홀릭으로 몰아갔다.

매일 저녁 6시만 되면 집에 가고 싶다는 생각이 들었다. 7년 동안 그 시간쯤이면 퇴근해 가족과 함께 저녁을 먹는 게 일상이었기에 당연한 반응이었다. 내 마음도, 내 몸도 가족을 원하고 있었다. 특히 아이들이 많이 보고 싶었다. 아직 어려서 아빠의 손길이 많이 필요한 아이들, 아빠가 몸으로 놀아주기를 기다리고 있을 아이들에게 늘 미안했다. 그래서 아침에 아이들 얼굴이라도 보려고 근무시간을 오전 10시에서 밤 12시로 줄였다.

하지만 몸을 혹사시키다 보니 결국 무리가 오기 시작했다. 아침부터 졸려 약국 의자에 앉아 꾸벅꾸벅 졸았고, 식사를 제때 챙겨 먹지 못해 속이 쓰리고 소화도 잘되지 않았다. 신경을 많이 쓰거나 잠을 못 잔 날은 머리가 아프고 가슴이 뻐근했다. 몸이 무겁고 피부에 쥐젖이 생기는 걸 보니 만성 염증 상태였던 것 같다. 급기야 잇몸에 염증이 생겨 고름주머니가 잡히고 치아가 깨지기까지 했다.

결국 영업시간을 줄여야겠다고 생각했다. 오전 10시부터 밤 11시 30분, 나중에는 11시까지. 하지만 라페스타 먹자골목의 매출은 주로 밤에 이루어졌기에, 나는 밤 매출을 쉽게 포기할 수가 없었다. 돈을 벌기 위해 '저녁이 있는 삶'을 포기해야 했다. 가족과 함께 먹고 마시고 웃고 운동하는 여가시간을 잃어버렸다.

아내는 남편이 없는 저녁을 힘들어했다. 스스로를 과부 같다고 표현할 정도였다. 아내의 우선순위는 가족이었고, 나의 우선순위는 가족을 먹여 살릴 돈과 약국이었다. 영업시간 문제로 부부는 자주 다투었다. 매년 아내는 참다 못해 감정을 폭발시키며 울었고, 나는 그럴 때마다 시간을 조금 줄이고 토요일 출근을 늦추겠다고 약속했다. 하지만 나는 여전히 아내를 이해하지 못했고, 아내 역시 의무감에 지배당한 남편을 이해하지 못했다.

그러던 중 코로나가 터졌다. 라페스타 먹자골목 상권은 급격히 무너졌다. 새벽 4시까지 북적이던 거리에 정적이 흘렀다. 외식 대신 배달음식이 대세가 되었고, 네온사인이 새벽까지 번쩍이던 거리는 밤 9시 이후면 텅 비어버렸다. 마치 재난영화 속 폐허 도시 같았다.

나는 코로나 덕에 밤 9시가 되면 퇴근할 수 있었다. 10시 전에 집에 들어가니 아내가 무척 행복해했다. 운이 좋으면 아이들과도 인사할 수 있었는데, 그럴 때면 아내는 아이들에게 빨리 자라고 재촉했다. 하루 종일 남편만 기다린 아내는 이 소중한 시간을 조금도 빼앗기고 싶지 않았던 것이다.

코로나 시기 동안 나는 가족과 가까워졌다. 특히 서먹하던 첫째 아들과 자주 놀면서 친해졌고, 둘째는 "아빠 힘내세요" 노래를 불러 주었다. 아내와는 달리기를 시작했다. 달리기는 특별한 경험이었다. 나란히 달리는 동안엔 누구도 우리 사이에 끼어들 수 없었다. 오롯이 둘만의 시간, 함께 이야기하고, 힘들 때 의지하고, 목표 거리를 완주하며 하이파이브를 나누던 순간이 참 행복했다.

코로나가 끝난 뒤 나는 근무시간을 다시 밤 10시까지로 늘렸지만, 대신 아르바이트 약사를 고용하기 시작했다. 토요일이나 평일 저녁을 맡기며 가족과 시간을 지키려 했다. 매출은 줄고 인건비는 들었지만, 그것을 더 가치 있는 가족과의 시간과 바꾸는 일이라 생각했다. 그러나 일부 손님들은 내가 자리에 없다고 실망하며 발길을 끊었다. 나는 또 고민에 빠졌다. 계속 일해야 하나, 아니면 아예 문을 닫아야 하나.

그러던 중 올해 여름휴가를 아예 약국 문을 닫고 다녀오기로 했다. 손님들도 이해해 주리라 믿었다. 자녀의 어린 시절은 다시 돌아오지 않는다. 가족 여행의 추억은 억만금을 주고도 살 수 없다. 가족은 내게 그만큼 귀하고 소중하다.

그리고 최근, 나는 영업시간을 다시 한 번 줄였다. 이제는 밤 9시까지만 약국을 운영한다. 매일 아이들의 얼굴을 보고 하루 일과를 나누며, 잠들기 전에 꼭 안아주고 "사랑한다"고 말할 수 있다. 아내와는 심야 데이트도 즐기며 예전보다 훨씬 가깝게 지내고 있다. 매출은 조금 줄었을지 몰라도, 지금의 삶은 훨씬 더 충만하다.

결국 내가 배운 것은 영업시간도, 매출도, 업무도 모두 2순위일 뿐이라는 것이다. 내가 가장 먼저 지켜야 했던 것은 가족과 함께 웃고, 건강하게 살아가는 일상이었다. 직장은 내 인생을 지배하는 주인이 아니라, 내 삶과 가정을 지켜주는 버팀목이어야 한다. 그럴 때 비로소 나도 살아나고, 약국도 살아난다고 믿는다.

22
서울드림약국, 사람을 위한 약국

요즘 약사 커뮤니티와 영업사원들을 통해 이런저런 소식을 듣는다. 대부분 좋은 일이 아니라 나쁜 일이다. 어떤 영업사원은 이제는 약사회가 바뀌어야 한다고 소신을 밝히며, 전문직이 돈에만 매몰되면 권위를 잃고 무시당하게 된다고 꾸짖는다. 나는 약사를 대표하여 그분께 혼난 기분이었다.

돌이켜보면 나도 이제 이 업계에 발을 담근 지 이십 년이 넘었다. 대학 시절만 해도 신약을 개발하여 질병으로 고통받는 사람들을 돕고, 국익에 이바지하겠다고 다짐했지만, 현실은 달랐다. 집안 사정과 부족한 용기, 실력 탓에 연구자의 길을 가지 못하고, 강원도의 한 문전약국에 취업했다. 수백 장의 처방전이 쏟아지는 현장에서 기계처럼 조제하고, 외우고, 검수하고, 환자를 응대했다. 그곳에서 결혼도 하고 아이도 낳았다.

그러나 시간이 흐르며 약사라는 전문직의 환경은 크게 바뀌었다. 약학대학이 6년제로 바뀌며 배출되는 약사의 수는 두 배로 늘었고, 한약사와의 갈등, 의약분업의 혼란, 무한경쟁 시대가 열렸다. 약국의 성패가 약사의 상담 실력보다 부동산에 달려 있다는 냉혹한 현실도 확인했다. 좋은 위치, 좋은 건물, 좋은 권리금을 차지하는 것이 마치 강남 아파트를 차지하려는 욕망과 닮아 있었다.

그렇다면 약사로서의 전문성이란 무엇일까? 현실 속에서 내가 깨달은 답은 '3L'이었다.

1. Location (위치)

약국의 위치는 경영의 성패를 좌우한다. 병원과의 거리, 유동인구, 독점 여부, 층약국인지 1층 약국인지가 중요하다. 약사가 약을 아무리 잘 알아도, 상담을 아무리 잘해도 위치의 힘을 이기기는 힘들다.

2. Luck (운)

약국을 개국한 뒤, 위에 있던 병원이 떠나버리면 낭패다. 반대로 없던 병원이 새로 생기면 큰 행운이다. 좋은 임대인, 좋은 병원장, 좋은 컨설턴트를 만나는 것도 모두 운에 크게 좌우된다.

3. Link (연결성)

돈도, 운도 없는 약사가 의지할 수 있는 마지막 무기는 '연결'이다. 환자와의 신뢰, 진심 어린 상담, 효과적인 약 추천, 그리고 따뜻한 마음. 입소문이 퍼지고, '그 약사에게 가면 내 이야기를 들어준다'는 인식이 자리 잡을 때, 약국은 비로소 살아난다.

서울드림약국은 이 세 가지 중 마지막, 'Link'를 가장 소중히 여기는 약국이다. 나는 환자 한 분 한 분을 단순한 고객이 아니라, 몸과 마음을 함께 돌보아야 할 이웃으로 바라본다. 약국은 단순히 약을 파는 공간이 아니라, 환자가 위로받고, 정보를 얻고, 건강을 회복하는 소통의 장이어야 한다고 믿는다. 나는 서울드림약국이 부동산이 아니라 사람이 중요한 약국으로 자리 잡길 소망한다.

나는 큰 욕심도, 큰 행운도 바라지 않는다. 대신 매일 내가 할 수 있는 일을 묵묵히 해 나가고 싶다. 하루에 단 한 명이라도 환자의 이야기에 귀 기울이고, 진심을 다해 그를 감동시키고 싶다.

10년 후 내가 지금의 나를 돌아보며 이렇게 말할 수 있기를 바란다.

"고맙다. 10년 전의 나. 네가 지켜낸 진심 덕분에 지금의 서울드림약국이 있다."

23
주말 일상, 서점과 교회와 달리기

토요일이라 알람을 끄고 늦잠을 자고 있는데 따식이(첫째 아들의 태명이자 별명)가 방문을 열더니 침대로 뛰어들었다. 따식이는 6학년인데, 이럴 때는 아직도 6살인 것처럼 너무 귀엽다. 사랑하는 내 새끼가 내년에 벌써 중학생이 된다니 믿기지 않는다. 앞으로 아이들과 함께할 시간이 별로 남지 않았다는 조급함이 올라왔다.

"교보문고 가요."

 따식이가 말했다. 원래 아내와 나는 극장에 가서 아이들에게 모아나2를 보여주고, 스콥이나 챔피언 같은 액티비티 센터에 데려가서 신나게 놀릴 생각이었다. 그런데 아이가 먼저 서점에 가자고 하다니! 이게 웬 떡인가 싶었다. 시계를 보니 벌써 10시, 나는 서둘러 나갈 준비를 했다.

 서점에 도착하자 가족은 각자 좋아하는 코너로 흩어졌다. 따식이는 만화 코너에서 『마이 히어로 아카데미아 41권』, 『에반게리온 2권』을 골랐고, 여름이(둘째 아들의 태명이자 별명)는 어린이 코너로 가서 일론 머스크와 류현진의 일대기를 다룬 만화책을 샀다. 아내는 엄마를 위한 책 『사랑인 줄 알았는데 부정맥』을 골랐다. 책을 조금 읽어보니 나는 아직 모르는 노인들의 시선과 해학이 담겨 있어 재미있으면서도 쓸쓸했다. 나는 건강 코너에서 장 건강 관련 책들을 살펴보다 한 권 구매했다.

책을 산 아이들은 이제 음식점을 고르겠다고 나섰다. 따식이는 라멘을, 여름이는 연어초밥과 계란초밥을 원했다. 결국 아내는 따식이를 데리고 '큐슈 울트라아멘'으로, 나는 여름이를 데리고 '은행골'로 향했다. 라멘집은 대기줄이 길어 최소 30분은 기다려야 했다. 그래서 나는 일부러 느긋하게 초밥을 먹고 시간을 끌었다. 여름이는 계란초밥 여섯 개, 연어초밥 두 개, 장어초밥 하나, 찐새우초밥 세 개, 주도로초밥 하나를 먹고 흡족해했다.

따식이는 라멘을 한 그릇 더 먹겠다며 시간을 끌었다. 기다리던 여름이가 추운지 카페에 들어가자고 했고, 나는 대신 코인노래방에 가자고 했다. 여름이는 갑자기 밝아졌다. 들어가자마자 '바람의 멜로디'를 예쁘게 부르더니, 두 번째 곡 '뽀로로'에서는 괴성을 질러댔다. 크게 소리 지르면 100점이 나온다고 했는데 88점밖에 안 나왔다. 따식이가 들어오더니 똑같은 곡을 고막 터질 듯 부르자 이번에는 100점이 나왔다. 음정은 맞지 않았지만 점수는 완벽했다. 나는 '슬프도록 아름다운'을, 아내는 '좋은 사람'을 불렀다. 그 순간, 나는 '슬프도록 아름다운 좋은 사람'이 되고 싶다는 생각이 들었다.

집에 돌아오자마자 나는 밀대를 잡았다. 바닥 청소가 내 담당인데, 몇 주간 게으름을 부렸기 때문이다. 유튜브로 위키드의 'Loathing'을 틀고 리듬에 맞춰 스텝을 밟으며 밀대를 움직였다. 따식이는 그런 아빠의 모습이 걱정스러운 듯 "아빠, 왜 그래"라며 의아해했고, 아내는 웃으며 "그래도 아빠가 생산적인 활동을 하시잖니"라며 아이를 진정시켰다.

약국에 도착하니 또 가족이 보고 싶어졌다. 요즘 들어 가족에게 미안하다는 생각이 자주 든다. 남편으로서, 아빠로서, 사위로서 의무를 다하지 못하고 있다는 죄책감, 그리고 그리스도인으로서 긍휼한 마음으로 대하지 못했다는 부족함. 지난 10년 동안 내가 많이 변했음을 인정하지 않을 수 없다. 안 좋은 방향으로 말이다. 그럴 때면 모든 걸 다 내려놓고 싶어진다. 하지만 동시에 주님의 보호하심을 더 깊이 경험했다. 어둠이 짙을수록 빛은 더 선명히 나를 비추었다.

주일날 설교는 동방박사들의 이야기였다. 그들은 황금과 유향과 몰약을 들고 먼 길을 와서, 초라한 마굿간에 누운 아기 예수께 경배했다. 자본주의적 시선으로는 도저히 이해할 수 없는 선택이다. 하지만 그들을 움직인 것은 말씀의 성취였다. 발람의 예언, 다니엘의 예언을 붙잡고, 하늘의 별빛이 비추자 겸손히 순종했던 것이다. 반면 말씀에서 멀어진 이스라엘 백성은 빛을 보지 못했다. 그들의 눈은 땅의 근심과 욕망에 가려져 어둠에 익숙해져 버렸다.

그 설교는 내 마음을 깊이 찔렀다. 나 또한 말씀을 가까이하지 못해 어둠을 살고 있음을 깨달았다. 그러나 동시에 말씀은 여전히 나를 비추고 있었다. 나는 긍휼을 구하고 용서를 구하기 전에, 먼저 타인을 긍휼히 여기고 용서해야겠다고 다짐했다. 성령의 도움을 구하며 다시 말씀으로 돌아가고 싶다는 목마름이 내 마음을 사로잡았다.

주일 저녁, 나는 달리기를 하고 싶어졌다. 아이들에게 함께 공원에 나가자고 설득했다. 보너스를 주겠다는 약속에 여름이가 자전거를 타고 따라나섰다. 나는 3킬로미터를 달리고, 공원 트랙 다섯 바퀴를 돌았다. 여름이는 자전거를 타며 내 곁을 지켰다. 끝난 뒤 여름이가 제안했다.

"두꺼비집 만들자!"

우리는 흙을 모아 작은 집을 짓고, 물을 부어 단단하게 다졌다. 여름이는 내가 잘한다고 칭찬했고, 우리는 해가 지고 초승달이 뜰 때까지 흙바닥에 앉아 놀았다. 집으로 돌아오는 길, 추워야 마땅했는데 몸은 따뜻했다. 오늘의 추억이 내 평생 마음속에 남을 것 같았다. 부모는 자녀에게 거창한 것을 바라지 않는다. 작은 동행 하나만으로도 충분하다. 하나님의 마음도 그렇지 않을까. 우리는 거대한 일을 할 필요가 없다. 주님의 자녀로서 주님이 걸어가신 길을 함께 걷는 것, 그것으로 충분하다.

에필로그

방송국에서 눈물을 흘리다

촬영 전날 밤, 저는 좀처럼 잠을 이룰 수 없었습니다. 눈을 감아도 머릿속은 온통 질문과 대답으로 가득했습니다.

"어떤 이야기를 먼저 해야 하지?"

"너무 솔직하면 오히려 민망해하지 않을까?"

"혹시 울면 어떡하지?"

새벽 두 시, 결국 포기하고 저는 침대에 누웠습니다. 그리고 기도드렸습니다.

"하나님, 이 시간이 제 자랑이 아니라, 오직 하나님의 은혜를 드러내는 시간이 되게 해 주옵소서."

아침이 밝았습니다. 긴장한 탓에 세면대 앞에서도 정신이 없었습니다. 방송국에 가는 길에야 면도를 하지 않았다는 사실을 깨달았습니다.

'아, 큰일이다. 첫 방송인데…'

그러나 이미 늦은 뒤였습니다. 그저 하나님께 맡기기로 했습니다.

하나님은 제 곁에 아내를 두셨습니다. 아내는 전날부터 긴팔 셔츠를 골라주고, 바지를 다림질해 주었으며, 구두까지 챙겨 놓았습니다. "이게 제일 잘 어울려"라는 미소가 긴장으로 굳은 제 마음을 풀어주었습니다. 새벽에는 저보다 먼저 일어나 목동까지 운전해 주었고, 차 안에서는 제 이야기를 들어 주며 연습 상대가 되어 주었습니다. 촬영 현장에서도 묵묵히 응원해 주는 아내의 눈빛을 보며, 저는 다시 한번 깨달았습니다. 하나님께서 제 기도를 들으시고, 가정의 화목을 이루시기 위해 가장 귀한 동역자를 제 곁에 보내주셨다는 사실을요.

CBS 방송국 앞에 섰을 때, 가슴이 쿵쾅거렸습니다. 『죽고 싶지만 서울대는 가고 싶어』를 쓰던 시절, 새벽에 책상에 앉아 두 손을 모으고 기도하던 제 모습이 떠올랐습니다. 그 고된 날의 간절한 기도가 저를 이곳까지 데려온 것이었습니다. 순간 웃음이 났습니다. 참 멀리도 왔구나, 싶었습니다.

스튜디오에 들어서자 PD님과 작가님이 따뜻하게 맞아 주셨습니다. 작은 농담 하나, 손짓 하나가 긴장을 풀어 주었습니다. 드디어 조명이 켜지고 카메라가 돌아가기 시작했습니다. 메인 MC 주영훈 씨, 그리고 보조 MC 박요한 목사님과 송지은 씨가 제 옆에 앉아 계셨습니다. 그들의 눈빛은 제게 "괜찮다, 그대로 말씀하셔도 된다"라고 말해 주는 듯했습니다.

저는 할머니 이야기를 꺼냈습니다.

"주일마다 제 손을 잡고 교회로 가시던 할머니, 가진 건 없으셨지만 기도로 저를 키워 주셨던 할머니."

눈물이 차올랐지만, 따뜻한 시선과 호응, 그리고 절묘한 질문 덕분에 말을 계속 이어갈 수 있었습니다. 아버지와 어머니, 공부와 신앙, 결혼과 가정 이야기까지 꺼내놓자 제 인생이 하나의 흐름으로 이어졌습니다. 결국 제 삶 전체는 두 가지 기도―"공부 잘하게 해 달라"는 어린 날의 기도, "화목한 가정을 주옵소서"라는 청년의 기도―로 요약된다는 사실을 깨달았습니다. 방송이라기보다 하나님께 드리는 간증 같았습니다.

촬영을 마치고 스튜디오 문을 나설 때, 하늘은 놀라울 만큼 맑았습니다. 면도는 못 했지만, 하나님은 제 삶의 이야기를 다듬어 주셨습니다. 준비한 말을 다 하지 못해도 괜찮았습니다. 중요한 것은 제 삶이 처음부터 끝까지 은혜로 연결되어 있다는 사실이었습니다.

돌아오는 길, 저는 다시 기도드렸습니다.

"하나님, 오늘의 제 이야기가 누군가에게 작은 위로와 희망이 되게 해 주옵소서."

그날 하루는 긴장이었고, 동시에 은혜였습니다. 그리

고 제 마음 깊은 곳에서 이런 고백이 흘러나왔습니다.

"죽고 싶던 날에도, 공부 잘하게 해 달라던 어린 날에도, 화목한 가정을 꿈꾸던 청년기에도, 그리고 행복한 가정을 이루기 위해 애써 왔던 모든 순간에도 하나님은 제 기도를 다 들으셨습니다."

주님, 눈물로 드린 기도를 잊지 않으시고
제 삶을 여기까지 인도해 주심을 감사드립니다.
앞으로도 저와 제 가정, 그리고 이 글을 읽는 모든
이의 삶을 주의 선하심과 인자하심으로 지켜 주옵소서.
끝까지 믿음의 길을 걸으며 주님의 집에 거하는
은혜를 누리게 하옵소서.
예수님의 이름으로 기도드립니다. 아멘.

"내 평생에 선하심과 인자하심이 반드시 나를 따르리니 내가 여호와의 집에 영원히 거하리로다." (시편 23:6)

죽고 싶지만 서울대는 가고 싶어 2

발행일	2025년 11월 3일 초판 1쇄
지은이	박일섭
펴낸이	황준연
편집 디자인	오형석
펴낸곳	작가의 집
출판사등록	2024.2.8(제2024-9호)
주소	제주도 제주시 화삼북로 136, 102-1004
이메일	huang1234@naver.com
연락처	010-7651-0117
홈페이지	https://class.authorshouse.net
ISBN	979-11-94947-69-1 (03810)

· 이 책은 저작권법에 의하여 보호를 받는 저작물이므로 무단 전재와 복제를 금합니다.
· 파본은 구입하신 서점에서 교환해드립니다.